GWP – Materialien zur guten wissenschaftlichen Praxis

Band 1

Wissenschaftlichen Textbetrug erkennen

Stefan Weber

Wissenschaftlichen Textbetrug erkennen

Plagiate | Ghostwriting | KI

EDITION TANDEM

Inhalt

Vorwort von Roland Schimmel

Im Rückblick ist der Wendepunkt recht leicht zu identifizieren. Obwohl es schon vorher mahnende Stimmen dahingehend gab, dass das ungekennzeichnete Abschreiben anderer Leute Wissenschaftstexte verwerflich und zu unterbinden sei (wen wundert's?), markiert doch erst das Jahr 2011 den Augenblick, in dem der akademische Plagiarismus einer nennenswerten öffentlichen Aufmerksamkeit teilhaftig wurde. Die Dissertation des deutschen Verteidigungsministers erwies sich als in einem Maße zusammenkopiert, dass es nur ein paar Wochen brauchte, bis er zurücktreten musste und seine Universität ihm den Grad entzog.

Es folgten Politiker fast aller im Bundestag und im Europäischen Parlament vertretener Parteien. Waren sie nicht promoviert, betrachtete der österreichische „Plagiatsjäger" Stefan Weber sie großherzig gleichwohl als satisfaktionsfähig und demontierte ihre schnell niedergeschriebene politische Bekenntnislyrik. In einzelnen legendären Fällen machte er aus Politikerinnen binnen weniger Tage Kabarettistenfutter (Aschbacher in Österreich, Baerbock hierzulande).

Weiter folgten zahllose Wissenschaftler, durchaus auch Wissenschafterinnen. Dissertationen praktisch aller Fakultäten und Fachbereiche an so gut wie allen Universitäten wurden als großteils massiv plagiatsinfiziert dokumentiert. Es fanden sich auch einige Habilitationen darunter; manchmal erwies sich das ungekennzeichnete Abschreiben als so zeitsparend, dass der plagiierten Doktorarbeit die plagiierte Habilitation auf dem Fuße folgte.

Die Presse berichtete. Zunächst breit und empört, später mehr gelangweilt und pflichtschuldig. Aber immer wieder geriet das Wissenschaftsplagiat in den Fokus einer nichtakademischen Öffentlichkeit. Diese erfreuliche Entwicklung ist maßgeblich einigen wenigen Vorreitern zu verdanken, darunter an prominenter Stelle Stefan Weber, dem Autor des vorliegenden Bands.

I In einem nicht allzu weit entfernten Paralleluniversum …

Die Sache wäre in einer geringfügig besseren Welt, die man sich ohne allzu viel Fantasie vorstellen kann, etwa so weitergegangen: Promovierte und Nichtpromovierte da draußen im Land begannen sich zu fragen, ob denn die Universitäten irgendeine Art von Qualitätskontrolle kennten für die Doktorarbeiten, deren in Deutschland jedes Jahr über 25.000 vorgelegt wurden. Es stellte sich heraus, dass dem nicht so war. So konnte es nicht weitergehen.

Dessen wurden sich Politik und Wissenschaft – oft unangenehm berührt, weil der Nachlässigkeit überführt – recht schnell bewusst. Die Einsicht verbreitete sich vom Bund in die Länder, in die Ministerien und die Hochschulen (und auch in die Universitäten), die privaten wie die öffentlichen, von den Präsidenten zu den Dekanen, in die Institute und an die Lehrstühle, zu den Professoren und den Assistenten, den Referenten und Bibliothekaren, den studentischen Hilfskräften, den Doktoranden und den Erstsemesterstudenten. Doktoreltern reagierten peinlich berührt, Zweitgutachter fragten sich, ob sie die Arbeiten nicht vielleicht doch wenigstens flüchtig lesen sollten. Die Jurys akademischer Nachwuchspreise definierten ihre Aufgaben neu. Fachverlage richteten längst abgeschaffte Lektorate wieder neu ein und legten die Kosten auf das Endprodukt um. Bücher wurden vom Markt zurückgezogen. Bibliotheken sortierten plagiierte Arbeiten in die Giftschränke und revidierten die Kataloge.

Auf Bundes- und Landesebene wurden Kompetenzzentren für wissenschaftliche Integrität gegründet, Studien- und Prüfungsordnungen wurden überarbeitet und gelegentlich nachgeschärft, Verfahren definiert, getestet und verbessert, gelegentlich sogar evaluiert und reakkreditiert. Die **„gute wissenschaftliche Praxis“** wurde an allen Hochschulen in den Anfangssemestern unterrichtet und kurz vor den Abschlussarbeiten wiederholt. In Doktorandenseminaren wurde das Thema zur Selbstverständlichkeit und zum Dauerbrenner. Die Anerkennung zweifelhafter akademischer Abschlüsse aus dem Ausland wurde kritisch revidiert und im Ergebnis eingeschränkt.

Mit geringer Verzögerung wurden die Erfolge sichtbar: Nach etwa zehn Jahren ernsthafter und teils intensiver Bemühungen fast aller Beteiligten gilt das Plagiieren heute deutschlandweit nicht erst an den Universitäten, sondern bereits an den Schulen als *pfui*.

Speaking of Stefan Weber … In diesem sympathisch-hypothetischen Paralleluniversum würde die Sache heute so aussehen: In Anerkennung seiner langjährigen und erfolgreichen Verdienste erhielt Stefan Weber einen lebenslangen Direktorenposten an einem eigens eingerichteten großzügig ausgestatteten Institut einer süddeutschen ehemaligen Exzellenz-Universität. Er verfügt über so viele Mitarbeiter, dass er manchmal deren Namen verwechselt. Die Mitarbeiter und Doktoranden wiederum schätzen und respektieren ihn, obwohl er manchen bei dreisten Fällen des akademischen Fehlverhaltens als leicht reizbar gilt. Über die Jahre hat sich der Forschungsschwerpunkt des Instituts stark verlagert: Einerseits galt es, haufenweise historische Fälle aufzuarbeiten, andererseits wussten von Anfang an alle, dass die Sache mit den Plagiaten nur eine von mehreren

Spitzen des Eisbergs war. Das Ghostwritertum harrte der Erforschung (und der Annihilation) ebenso dringlich wie *fake journals* und *fake conferences*, Zitierkartelle, Ausbeutung wissenschaftlicher Mitarbeiter, *paper mills*, Doktorfabriken, *U name it*.

So hätten die Dinge laufen können. Und nun zurück in ein Universum, das wir alle kennen.

II Der „Plagiatsjäger" Stefan Weber

In der traurigen Wirklichkeit sind die Dinge ein wenig anders gelaufen. Bekanntlich. Wissenschaftsplagiate sind nach wie vor ökonomisch attraktiv, aus mehreren Gründen. Sollten sie jemals aussterben oder wenigstens quantitativ deutlich zurückgehen, wird das vermutlich nur der Verwendung von Large Language Models als geistfreie Textgeneratoren zuzuschreiben sein.

Stefan Weber ist Wissenschaftler im zweiten Hauptberuf. Im ersten Hauptberuf leitet er ein hochspezialisiertes Unternehmen, das Plagiatsdetektion kommerziell anbietet, und findet damit ein auskömmliches Einkommen. Die ihn umgebenden Mitarbeiter denken nicht an Wissenschaftskarrieren, sondern an gerichtsfeste Plagiatsdokumentationen. Seine Freunde und Förderer sind glücklich, dass es ihn gibt, seine Gegner sind zahlreich. „Akademische Leichen" pflastern seinen Weg.

Wenn Sie also mit Ihrem hochnäsigen Nachbarn im Streit liegen, Ihrem politischen Gegner alles Böse dieser Welt wünschen, Ihrem akademischen Konkurrenten die schnellen Erfolge neiden, der Doktorgrad Ihres Hausarztes Ihnen schon länger ein wenig fischig zu duften erscheint oder Sie aus irgendeinem sonstigen Grund für künftige Konflikte eine Keule hinter dem Rücken haben wollen, könnte es sich lohnen, ihn zu beauftragen.

In diesem Buch offenbart Stefan Weber fast alle seiner Geschäftsgeheimnisse. Die Motive hat er in *„Auf ‚Plagiatsjagd'. Eine Streitschrift"* (Wien, 2023) entfaltet, nun folgen die Methoden. Mit ein wenig Übung und ein wenig Zeitaufwand können Sie, lieber Leser, die Arbeit des „Plagiatsjägers" auch selbst erledigen.

Sollten Sie akademische Abschlussarbeiten betreuen, wäre das sogar Ihre heilige Pflicht. *Think about that!*

Roland Schimmel ist ein deutscher Rechtswissenschaftler. 2011 erschienen: „Von der hohen Kunst ein Plagiat zu fertigen".

1. Die Geburt der „guten wissenschaftlichen Praxis"

Im Jahr 1830 beschwerte sich der bekannte britische Mathematiker und Erfinder Charles Babbage über den Verfall der Wissenschaften. In seiner Schrift *„Reflections on the Decline of Science in England, and on some of its Causes"*[1] verwendet er für naturwissenschaftliche Manipulationen und Fälschungen Begriffe wie „Hoaxing", „Forging", „Trimming" und „Cooking". „Plagiarism" kommt als Begriff nicht vor, nicht einmal das Wort „Stealing". Aber schon im Jahr 1816 machte der Naturforscher Georges Baron de Cuvier seinem Ärger über das Plagiatsunwesen mit so deutlichen Worten Luft, dass sie fast von einem „Plagiatsjäger" der Jetztzeit stammen könnten:

> „Es giebt in meinen Augen kein heiligeres Eigenthum als das der geistigen Wahrnehmungen, und der, unter den Naturforschern nur zu gewöhnlich gewordene, Gebrauch, Plagiate unter Namenveränderungen zu verstecken, ist mir stets wie ein Verbrechen geschienen."[2]

Zu diesem Zeitpunkt war die Vorstellung eines „geistigen Eigentums" bereits knapp 100 Jahre alt – Nicolaus Hieronymus Gundling prägte 1726 diesen Begriff. Die Wissenschaft hat sich selbst ab ca. 1790 Regelwerke auferlegt, die unter dem Label „Hodegetik" verbreitet wurden (griech.: Lehre von der Wegweisung, im Sinne von: Anleitung zum Studium). Wenn man die alten Quellen heute liest, fällt auf, dass sowohl Gundling, der Vater des geistigen Eigentums, den „schändlichen" Nachdruck von Büchern unter anderem Namen beklagte als auch Cuvier von „Plagiate[n] unter Namenveränderungen" sprach: Beide, Gundling und Cuvier, beanstandeten somit eine Praxis, die wir heute „Vollplagiate" oder „Totalplagiate" nennen: Nur der Verfassername wird verändert, es erfolgt somit die illegitime (oder unmoralische, oder beides) Aneignung eines gesamten Werks eines anderen abzüglich der korrekten Autorenangabe.

Bemerkenswert ist, dass alle genannten Autoren bei wörtlichen Zitaten doppelte Anführungszeichen (Zitatzeichen, „signum citationis") verwendeten, aber die Norm, dies so zu tun, in den damaligen Werken der „Hodegetik" meinem Kenntnisstand zufolge nirgendwo ausbuchstabiert wurde. Ich gehe daher – mit aller Vorsicht – davon aus, dass das Setzen von Anführungszeichen eine Interpunktions- und eine Druckernorm war, an der es keinen Zweifel gab – so wie ja auch nicht ernstlich angezweifelt wurde,

1 Hier als englischsprachiger Volltext: https://www.gutenberg.org/files/1216/1216-h/1216-h.htm

2 Georges Baron de Cuvier (Ausgabe von 1831), Das Thierreich, geordnet nach seiner Organisation. Erster Band, Vorrede des Verfassers, S. XXXV.

dass ein Satz mit einem Punkt zu enden hat. Mit anderen Worten: Das Anführungszeichen, das im heutigen Plagiatsdiskurs doch so eine große Rolle spielt, wurde vor 200 Jahren wissenschaftlich nicht thematisiert. Ein Plagiat war eine Komplettübernahme. Das sieht natürlich heute ganz anders aus.

Eine der ersten ausbuchstabierten Regeln zum korrekten Zitieren in der Wissenschaft legte Ewald Standop mit seinem Klassiker *„Die Form des wissenschaftlichen Manuskripts"* 1959[2] vor. In Standops Standardwerk findet sich nun endlich auch die Regel, dass ein „normales Zitat [...] in doppelten Anführungszeichen („...")" (STANDOP 1959[2], S. 22) zu stehen hat.

Die differenzierte Norm, dass jede wörtlich oder sinngemäß entnommene Stelle als solche auszuweisen ist, muss spätestens in den 1970er-Jahren als eingeführt gelten, zumindest in den *soft sciences*. In den *„Hinweise[n] zur Anfertigung von Seminararbeiten"* der Universität Düsseldorf heißt es etwa im Jahr 1978:

> Diesen Eid sollten Sie jederzeit schwören können: ‚Ich versichere, daß ich die Arbeit selbständig verfaßt und keine anderen Hilfsmittel als die angegebenen benutzt habe. Die Stellen der Arbeit, die anderen Worten dem Wortlaut und dem Sinn nach entnommen sind, habe ich *in jedem einzelnen Fall* unter Angabe der Quelle als Entlehnung kenntlich gemacht.'" (KRAMP 1978, S. 19 – Hervorhebung in kursiv durch S.W.)

Diese Erklärung oder Versicherung findet sich in dieser oder ähnlicher Form fast jeder Abschlussarbeit vorangestellt. Weiter heißt es bei Kramp warnend: „Geistiger Diebstahl ist kein Kavaliersdelikt." (Ebenda) – 1985 ist bei Poenicke zu lesen: Die „Unterlassung einer Literaturangabe kann den Verdacht des Plagiats nach sich ziehen." (POENICKE 1985, S. 15) Und auch Poenicke bekräftigt, dass entsprechende Angaben bei *jeder* Übernahme zu erfolgen haben (ebenda).

Die Debatte um *„Research misconduct"* (darunter fallen FFP, also *Fabrication – Falsification – Plagiarism*) startete in den frühen 1980er-Jahren in den USA (vgl. BROAD/WADE 1982) und schwappte via Dänemark (das wohl etwas holprige Englisch „Good scientific practice" ist erstmals zu lesen bei ANDERSEN u.a. 1992) nach Deutschland über. Die früheste Verfahrensordnung *„Fehlverhalten in der Wissenschaft"* von der Deutschen Forschungsgemeinschaft (DFG) stammt vom 19. März 1992.[3]

Der Begriff *„gute wissenschaftliche Praxis"* mit seinem Gegenbegriff *„wissenschaftliches Fehlverhalten"* findet, von den Dänen inspiriert und eingedeutscht, erstmals Ende 1997/Anfang 1998 in Richtlinien zur Qualitäts-

3 Persönliche Übermittlung von Albin Eser, 4 Seiten.

sicherung der Wissenschaft der bundesdeutschen Max-Planck-Gesellschaft (MPG)[4] und der Deutschen Forschungsgemeinschaft (DFG)[5] breite Erwähnung, dann auch Mitte 1998 in einer Empfehlung der bundesdeutschen Hochschulrektorenkonferenz (HRK)[6]. Geistiger Ideengeber dieser Vorstöße war der Strafrechtswissenschaftler Albin Eser[7], der auch den ersten Katalog wissenschaftlichen Fehlverhaltens und die erste Verfahrensordnung ausformuliert hatte.

Der Anlass für die Geburt der „guten wissenschaftlichen Praxis" war ein Fälschungsskandal in der bundesdeutschen Krebsforschung, der im Jahr 1997 für großes Aufsehen und einen Vertrauensverlust in die Wissenschaft sorgte.[8] Durch die vielen Plagiatsskandale der vergangenen Jahre hat die „gute wissenschaftliche Praxis" zumindest in den Richtlinien der Universitäten ihren Siegeszug angetreten.

Die Österreichische Rektorenkonferenz hat 2002 die ersten Richtlinien zur *„Sicherung einer guten wissenschaftlichen Praxis"* in Österreich verabschiedet, bei denen der Wortlaut der Deutschen Forschungsgemeinschaft stark gekürzt übernommen wurde.[9] Die 2008 auch aus Anlass eines Fälschungsverdachtsfalls und von Plagiatsfällen gegründete Österreichische Agentur für wissenschaftliche Integrität (ÖAWI) hat Richtlinien *„zur Guten Wissenschaftlichen Praxis"* 2015 publiziert, wobei dieser Text fast komplett neu formuliert wurde.[10] – Generell ist Österreich ein sehr laxer Umgang mit Verdachtsfällen wissenschaftlichen Fehlverhaltens zu attestieren. Das Zitiergebot wurde offenbar in sehr vielen Abschlussarbeiten nicht eingehalten.

4 http://www.mpg.de/229489/Verfahrensordnung.pdf

5 Deutsche Forschungsgemeinschaft (1998) (Hg.): Vorschläge zur Sicherung guter wissenschaftlicher Praxis: Empfehlungen der Kommission „Selbstkontrolle in der Wissenschaft". Denkschrift. Weinheim: Wiley-VCH (VI + 85 Seiten, nicht im Netz archiviert). Mittlerweile in zwei weiteren Auflagen erschienen. Es handelt sich um Richtlinien, die sich an Institutionen zur institutionellen Umsetzung richten. Daher sind die Zielgruppen nicht Studierende und auch nur sekundär Lehrende.

6 https://www.hrk.de/positionen/beschluss/detail/zum-umgang-mit-wissenschaftlichem-fehlverhalten-in-den-hochschulen

7 Zur Bedeutung Esers siehe auch FINETTI/HIMMELRATH (1999, S. 207).

8 https://www.aerzteblatt.de/archiv/8092/Forschungsbetrug-Fall-Herrmann-Brach-Gutachter-bestaetigen-den-dringenden-Verdacht-der-Manipulation und FINETTI/HIMMELRATH (1999).

9 https://web.archive.org/web/20020827120128/http:/www.reko.ac.at/richtwp.htm

10 https://oeawi.at/wp-content/uploads/2018/09/OeAWI_Brosch%C3%BCre_Web_2019.pdf

In der Schweiz haben die Akademien der Wissenschaften Schweiz das Reglement *„Integrität in der Wissenschaft“*[11] im Jahr 2008 veröffentlicht. Eine zweite, wesentlich erweiterte Auflage erschien unter dem Titel *„Kodex zur wissenschaftlichen Integrität“*[12] 2021. Diskussionen zur Schaffung einer nationalen Integritätssicherungsstelle laufen.

Eine Ausweitung des Diskurses zu akademischer Integrität auf soziale Integrität und Dimensionen des Machtmissbrauchs im Wissenschaftssystem erfolgte mit einschlägigen Aktivitäten der Deutschen Gesellschaft für Psychologie (DGPs) ab 2020.[13]

Das Feld stellt sich somit derzeit wie folgt dar:

11 https://oeawi.at/wp-content/uploads/2018/09/WissIntegritaet_Reglement_d.pdf

12 https://api.swiss-academies.ch/site/assets/files/25605/kodex_layout_de_web.pdf

13 DGPs (Hg.) (2022): Anreizsystem, Machtmissbrauch und Wissenschaftliches Fehlverhalten. Eine Analyse zum funktionalen Zusammenhang zwischen strukturellen Bedingungen und unethischem Verhalten in der Wissenschaft, Dresden u.a. https://www.dgps.de/fileadmin/user_upload/PDF/Berichte/Bericht_DGPs-Kommission_AMWF.pdf

Tab. 1: Dimensionen akademischer Integrität

I.	**Gute wissenschaftliche Praxis (GWP)**	**Wissenschaftliches Fehlverhalten**
	Gute Autorschaftspraxis	Ghostwriting Unethische Autorschaft ‚Ehrenautorschaft‘
	Gute Zitierpraxis	Plagiat Ungekennzeichnete Inhalte von generativer KI
	Gute empirische Praxis	Datenerfindung Datenmanipulation
	Gute Publikationspraxis	Publikation in Raubverlagen
	Gute Beurteilungspraxis	Notenmanipulation
	–	Weitere Formen: Sabotage, frisierte Lebensläufe usw.
II.	**(Forschungs-)Ethik**	**Unethisches Verhalten**
	Schadensvermeidung bei …	Schaden bei Forschung an Mensch, Tier oder unbelebter Natur
	Diversität, Inklusion	Diskriminierung von Andersartigkeit, Exklusion
	Geschlechtergerechtigkeit	Geschlechterdiskriminierung
	Ressourcenschonung	Ressourcenverschwendung
	Deklarieren von Interessenkonflikten	Verschweigen von Interessenkonflikten
	Wahrung des Datenschutzes	Datenschutzverletzung
III.	**Soziale Integrität**	**Soziales Fehlverhalten**
	Führungsverantwortung	Machtmissbrauch
	Respektvoller Umgang	Mobbing, Schikanen
	Karriereförderung	Sachlich unbegründete Karrierebehinderung
	Unbestechlichkeit	Korruption
IV.	**Vermeidung von Questionable Research Practices (QRPs)**	**Questionable Research Practices (QRPs)**

(Systematik Weber, auch in ders. 2024, S. 56 f.)

2. Plagiate

Allein schon die Etymologie des Worts „Plagiat“ ist hochinteressant und wäre ein eigenes interdisziplinäres Forschungsprojekt wert. Die herrschende Interpretation lautet, dass das Wort „Plagiat“ von lat. *plagium* abstammt (Menschenraub, im Speziellen Sklavenraub)[1], was wiederum auf griech. *plágios* zurückzuführen sein könnte[2] (quer, schräg, auch: sich von der Seite her annähernd, im Sinne von hinterrücks).[3] – Eine zweite, seltener vertretene Interpretation lautet: Das Wort kommt von lat. *plaga* (in einer der drei Grundbedeutungen dieses Worts, nämlich Jagdnetz) und schließlich von griech. *plax* (breite Fläche, Ebene, in der Form von Jagdnetzen, Fangnetzen)[4] – also von Netzen, mit denen man Menschen bzw. fremde Sklaven einfing und zu eigenen Sklaven machte, daher dann lat. der *plagiarius*[5] als der Sklavendieb, der Menschenräuber. – Fraglich ist bei dieser zweiten Interpretation aber, wo das „i“ herkommt, wie also aus „plaga“ ein „plagi“ wurde.

Die berühmt gewordene Stelle bei Martial (Epigramme 1,52, aus dem Jahr 102 n. Chr.) lautet:

> „Commendo tibi, Quintiane, nostros –
> nostros dicere si tamen libellos
> possum, quos recitat tuus poeta:
> si de servitio gravi queruntur,
> assertor venias satis que praestes,
> et, cum se dominum vocabit ille,
> dicas esse meos manu que missos.
> hoc si terque quaterque clamitaris,
> impones plagiario pudorem.“

Frei interpretiert: Die Verse Martials sind wie in die Freiheit entlassene Sklaven, jeder kann sich ihrer bemächtigen. Wenn dies aber geschieht, dann fordert Martial von Quintianus (dem er seine Verse übergeben hat), dass dieser ihn, Martial, darauf hinweist, um den „Sklavendieb (= Plagiator) zu beschämen“.[6]

1 https://de.wiktionary.org/wiki/plagium

2 https://de.wiktionary.org/wiki/plagio-

3 Kurt Smolak, Universität Wien, persönliche Mitteilung: „Das Wort *plagium* ist mit Sicherheit nichts anderes als die Latinisierung des griechischen Adjektivs ‚*plágios*‘, im Neutrum ‚*plágion*‘: ‚quer‘, ‚schräg‘, ‚von der Seite/Flanke her‘ – eine ‚Annäherung von der Seite her‘ wurde, wohl ausgehend von militärtaktischer Metaphorik (‚Flankenangriff‘), negativ konnotiert, als ‚unehrenhaft‘ bis ‚verbrecherisch‘ [...]“.

4 Diese Interpretation findet sich etwa hier: https://www.nzz.ch/stichwort_plagiat-ld.469955

5 https://de.wiktionary.org/wiki/plagiarius

6 Dank für die Übersetzung an Herbert Toscany.

Damit lässt sich sagen, dass die Menschheit seit dem 1. Jahrhundert nach Christus über den Plagiatsbegriff verfügt, obwohl das Wort „Plagiat" erst im 17. Jahrhundert ins Deutsche einwandert, der Begriff „Plagiator" gar erst im 19. Jahrhundert.[7]

2.1 Was ist ein Plagiat?

Klassische Definitionen von „Plagiat" in Lexika des 20. Jahrhunderts sind *„geistiger Diebstahl"* oder *„Diebstahl geistigen Eigentums"*. Albin Eser hat für den Wissenschaftskontext im Jahr 1997 eine neue Definition vorgeschlagen: *„Unbefugte Verwertung unter Anmaßung der Autorschaft"* (ESER, hier publiziert 1999, S. 149). Zu beachten sind hier zwei Entwicklungen: Zum einen zielt der Plagiatsbegriff sukzessive nicht mehr auf Vollplagiate ab, also auf den Klau gesamter Werke (was auch Martial ohne Zweifel gemeint hat). Zum anderen löst sich der Plagiatsbegriff mehr und mehr vom Urheberrecht ab und wird zu einer eigenen wissenschaftsethischen Kategorie. Allerdings heißt noch 1997 bei Eser die Überkategorie des Plagiats: *„Verletzung geistigen Eigentums in bezug* [sic] *auf ein von einem anderen geschaffenes urheberrechtlich geschützes* [sic] *Werk oder von anderen stammende wesentliche wissenschaftliche Erkenntnisse, Hypothesen, Lehren oder Forschungsansätze"*. Sowohl das etwas antiquiert klingende Konzept „geistiges Eigentum" als auch der Verweis auf den „urheberrechtlichen Schutz" kommen in aktuellen Definitionen des Plagiats nicht mehr vor, siehe etwa die klassische Definition des amerikanischen ORI (Office of Research Integrity): *„Plagiarism is the appropriation of another person's ideas, processes, results, or words without giving appropriate credit."*[8]

Mein Vorschlag einer aktuellen Definition von „Textplagiat" lautet: ***Ein Textplagiat liegt immer dann vor, wenn eine Zufälligkeit der Übereinstimmung einer Wortkette oder eines Inhalts zwischen einem jüngeren Werk und einem älteren Werk mit wissenschaftlichen Methoden nach bestmöglichem Wissen ausgeschlossen werden kann und …***

… bei wortwörtlicher Übereinstimmung die Kenntlichmachung etwa durch Anführungszeichen fehlt oder

… bei weitgehend wörtlicher Übereinstimmung die auf diese Übereinstimmung bezogene Quellenangabe fehlt.

Ich empfehle des Weiteren, das Plagiat vom Leser her zu denken: Interessant ist dann nicht, ob der Verfasser täuschen wollte – er kann ja immer behaupten,

7 https://www.dwds.de/wb/Plagiat

8 https://ori.hhs.gov/definition-research-misconduct

in Unwissenheit bzw. gutem Glauben plagiiert oder einfach geschlampt zu haben. Interessant ist, ob sich *der Leser* getäuscht fühlt: Geht der Leser in einem Absatz ohne Anführungszeichen und/oder Quellenangabe im Fließtext oder in der Fußnote von einem Eigentext des Verfassers aus, während in Wahrheit deutliche Übereinstimmungen gemäß obiger Definition gegeben sind, liegt ein Textplagiat vor.

Auch empfehle ich, in der Diskussion vier Dimensionen des Plagiatsbegriffs stets auseinanderzuhalten:

1. Das Plagiat als *Verletzung „geistigen Eigentums"* anderer im Sinne des Urheberrechts (die bis Mitte des 20. Jahrhunderts dominierende Lesart; die eigentlich im Fall des Wissenschaftsplagiats kaum einmal Thema ist)
2. Das Plagiat als eine *Form des wissenschaftlichen Fehlverhaltens* (immer grob fahrlässig oder vorsätzlich/bewusst – im Sinne von ESER 1999, S. 148)
3. Das Plagiat als *Täuschungs- bzw. Erschleichungshandlung* im Sinne des Studienrechts (damit eingeschränkt auf schriftliche Prüfungsleistungen bis inkl. Dissertationen)
4. Das Plagiat als ein *Verstoß gegen die Zitierregeln bzw. das Zitiergebot.* Im Sinne eines *Verstoßes gegen die Quellentransparenz* muss es dann auch Plagiate etwa im Journalismus[9] geben, die u. U. sogar wiederum Dimension 1 berühren können, des Weiteren in Behördenberichten, Politikerreden, Predigten etc.

Die Abgrenzung des Plagiats zum bloßen Zitierfehler (Unsauberkeit, Schlamperei, *sloppy science*) ist also keine zwischen Absicht (Vorsatz, Täuschungswille) und Unabsichtlichkeit (*honest error*), da es auch grob fahrlässige Plagiate gibt, bei denen kein Vorsatz festgestellt werden muss, sondern allenfalls eine zwischen grober Fahrlässigkeit oder bewusster Täuschung hier und leichter Fahrlässigkeit dort. Die Entscheidung, ob ein Plagiat oder ein Zitierfehler vorliegt, wird im Einzelfall, das heißt pro Werk anhand von quantitativen und qualitativen Mustern zu fällen sein. Man kann sich grob am Richtmaß von VroniPlag Wiki orientieren, dass zumindest zehn Prozent der Fließtext-Seiten eines Werks betroffen sein müssen, damit es ethisch vertretbar ist, einen Plagiatsvorwurf öffentlich zu erheben.

9 Siehe etwa die Fachzeitschrift „message", 3/2010, „Plagiate im Journalismus", https://www.message-online.com/archiv/message-3-2010

Abb. 1: Beispiel für ein typisches Textplagiat (Fremdplagiat), Plagiat

> Beurteilungen bleiben in jedem Fall konfliktträchtig, weil sie mit einer Vielzahl unterschiedlicher Interessen verbunden sind. Die Herausforderung besteht darin, das komplexe Spannungsfeld aus Organisations-, Gruppen- und Individualinteressen, verschiedenen Funktionen von Beurteilungen, Herrschaft und Kooperation, Differenzierung und Integration sowie Flexibilisierung und Stabilisierung aufzudecken und geeignete Problemlösungen in einem kooperativen Prozess zu erarbeiten.
>
> S. 166

Quelle: Gutachten Weber zum Fall N.N., 2023

Abb. 2: Beispiel für ein typisches Textplagiat (Fremdplagiat), Original früheren Datums

> Beurteilungen bleiben in jedem Fall konfliktträchtig. Sie müssen es sein, da sie mit einer Vielzahl unterschiedlicher Interessen (der Personalabteilung, der Vorgesetzten, der Beurteilten, der Personalvertretungen ...) verbunden sind, unabhängig davon, in welchem Verfahren Beurteilung realisiert wird. *So besteht die eigentliche Herausforderung darin, das komplexe Spannungsfeld aus Organisations-, Gruppen- und Individualinteressen aufzudecken und geeignete Problemlösungen in einem kooperativen Prozess zu erarbeiten*. Insofern beschränkt sich die Reform des
>
> Steinort, Udo, Neue Wege bei der Leistungsbeurteilung im Öffentlichen Dienst, 2000, https://web.archive.org/web/20001118113600/http://flexible-unternehmen.com/kl0718.htm

Quelle: Gutachten Weber zum Fall N.N., 2023

Anzumerken ist hier, dass es auch Plagiate gibt, bei denen weder ein wörtliches noch ein sinngemäßes Zitat vorgesehen worden wäre: Dies betrifft etwa Plagiate in Dankwörtern oder einleitenden Ausführungen. Plagiatoren übernehmen hier öfter einfach „Textschablonen“ aus älteren Arbeiten.

2.2 Eigenplagiate

Der Begriff „Eigenplagiat" (auch „Selbstplagiat" oder „Autoplagiat") ist umstritten. Es gibt Wissenschaftler, die den Standpunkt einnehmen, dass es kein „Eigenplagiat" geben kann: „Ein Eigenplagiat ist kein Plagiat, da man das Ergebnis einer eigenen und nicht einer fremden Leistung verwertet. Sich selbst kann man nicht bestehlen."[10] Diese Meinung übersieht aber zwei Dinge: Zum einen fordern die meisten Fachzeitschriften heute Originalbeiträge. Publiziert man sein eigenes Werk gänzlich oder teilweise erneut, kann dies einen Verstoß gegen die Publikationsrichtlinien einer Zeitschrift darstellen. Zum anderen differenziert sich im Studienrecht seit fast 20 Jahren zunehmend die Norm heraus, dass ein Eigenplagiat (studienrechtlich dann immer im Sinne einer *nicht ausgewiesenen* gänzlichen oder teilweisen Wiedergabe einer älteren Qualifikationsschrift in einer jüngeren) unerlaubt ist.

Die älteste Variante des „Eigenplagiats-Verbots" fand ich im „Merkblatt für den Umgang mit Plagiaten" der Universität Zürich vom 30. April 2007. Darin heißt es, dass folgender Vorgang auch als eine Form des Plagiats zu werten ist:

> „Die Verfasserin bzw. der Verfasser reicht ein und dieselbe Arbeit (oder Teile davon) zu verschiedenen Prüfungs- oder Seminaranlässen ein (Selbstplagiat)."[11]

2008 wurde an der Universität Innsbruck der Fall des Europarechtlers Walter Obwexer bekannt, der in rund einem Drittel seiner Habilitationsschrift fast wörtlich Teile aus seiner Dissertation „recycelt" hat, ohne auch nur an irgendeiner Stelle der Arbeit darauf hinzuweisen. Die Österreichische Agentur für wissenschaftliche Integrität (ÖAWI) attestierte in diesem Fall eine Verletzung der Grundsätze guter wissenschaftlicher Praxis.[12] Eine Habilitationsschrift ist zwar keine Qualifikationsarbeit *im studienrechtlichen Sinne*, aber eben sehr wohl auch eine Qualifikationsschrift: Der Verfasser hätte auf die Identitäten hinweisen müssen. Und auch die Dissertation von Walter Obwexer wurde ja, wie jede Doktorarbeit in Österreich, veröffentlicht (als Veröffentlichungskriterium gilt die Verfügbarkeit gebundener Exemplare in Bibliotheken).

10 Behauptet im Jahr 2013 der Historiker Klaus Graf in seinem Blog (keine wissenschaftliche Quelle!), siehe https://archivalia.hypotheses.org/6596

11 https://www.ius.uzh.ch/dam/jcr:00000000-100f-6f7c-ffff-ffffb039e225/LK_Merkblatt_Plagiat.pdf

12 https://www.zeit.de/studium/hochschule/2011-04/abschlussarbeiten-doktor

Hier die Rekonstruktion des Eigenplagiatsfalls Walter Obwexer, Universität Innsbruck, mit der Software *WCopyfind*, zunächst in Abb. 3 die Metriken, dann in Abb. 4 links die Dissertation (Original) und rechts die Habilitationsschrift (Eigenplagiat):

Abb. 3: Metriken zu einem Eigenplagiat, Darstellung von *WCopyfind*

Perfect Match	Overall Match	View Both Files	File L	File R
33982 (22% L, 30% R)	33982 (22%) L; 33982 (30%) R	Side-by-Side	Obwexer_Diss.txt	Obwexer_Habil.txt

Quelle: Eigene Erhebung Weber, 2023

Abb. 4: Übereinstimmungsbeispiel bei einem Eigenplagiat, Darstellung von *WCopyfind*

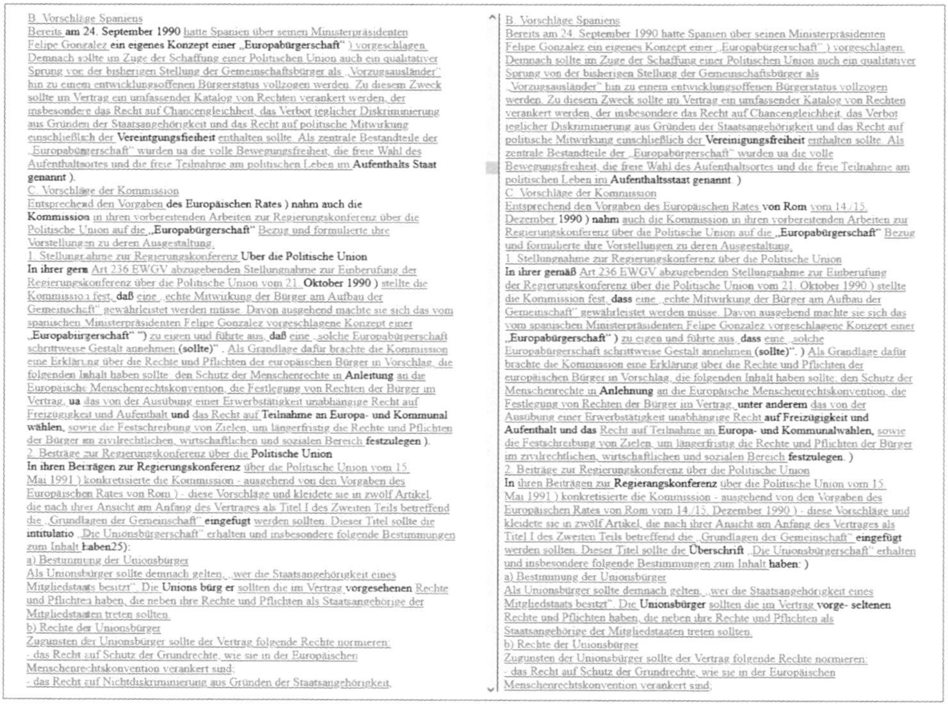

B. Vorschläge Spaniens
Bereits **am 24. September 1990** hatte Spanien über seinen Ministerpräsidenten Felipe Gonzalez **ein eigenes Konzept einer „Europabürgerschaft“**) vorgeschlagen. Demnach sollte im Zuge der Schaffung einer Politischen Union auch ein qualitativer Sprung von der bisherigen Stellung der Gemeinschaftsbürger als „Vorzugsausländer“ hin zu einem entwicklungsoffenen Bürgerstatus vollzogen werden. Zu diesem Zweck sollte im Vertrag ein umfassender Katalog von Rechten verankert werden, der insbesondere das Recht auf Chancengleichheit, das Verbot jeglicher Diskriminierung aus Gründen der Staatsangehörigkeit und das Recht auf politische Mitwirkung einschließlich der **Vereintgungsfreiheit** enthalten sollte. Als zentrale Bestandteile der „Europabürgerschaft“ wurden ua die volle Bewegungsfreiheit, die freie Wahl des Aufenthaltsortes und die freie Teilnahme am politischen Leben im **Aufenthalts Staat genannt**).
C. Vorschläge der Kommission
Entsprechend den Vorgaben **des Europäischen Rates) nahm auch die Kommission** in ihren vorbereitenden Arbeiten zur Regierungskonferenz über die Politische Union auf die **„Europabürgerschaft“** Bezug und formulierte ihre Vorstellungen zu deren Ausgestaltung.
1. Stellungnahme zur Regierungskonferenz **Uber die Politische Union**
In ihrer gem Art 236 EWGV abzugebenden Stellungnahme zur Einberufung der Regierungskonferenz über die Politische Union vom 21. **Oktober 1990**) stellte die Kommission fest, **daß** eine „echte Mitwirkung der Bürger am Aufbau der Gemeinschaft“ gewährleistet werden müsse. Davon ausgehend machte sie sich das vom spanischen Ministerpräsidenten Felipe Gonzalez vorgeschlagene Konzept einer **„Europabiirgerschaft“ “)** zu eigen und führte aus, **daß** eine „solche Europabürgerschaft schrittweise Gestalt annehmen **(sollte)“** . Als Grandlage dafür brachte die Kommission eine Erklärung über die Rechte und Pflichten der europäischen Bürger in Vorschlag, die folgenden Inhalt haben sollte: den Schutz der Menschenrechte in **Anleitung** an die Europäische Menschenrechtskonvention, die Festlegung von Rechten der Bürger im Vertrag, **ua** das von der Ausübung einer Erwerbstätigkeit unabhängige Recht auf Freizügigkeit und Aufenthalt **und** das Recht auf **Teilnahme an Europa- und Kommunal wählen**, sowie die Festschreibung von Zielen, um längerfristig die Rechte und Pflichten der Bürger im zivilrechtlichen, wirtschaftlichen und sozialen Bereich **festzulegen**).
2. Beiträge zur Regierungskonferenz über die **Politische Union**
In ihren Beiträgen zur Regierungskonferenz über die Politische Union vom 15. Mai 1991) konkretisierte die Kommission - ausgehend von den Vorgaben des Europäischen Rates von Rom) - diese Vorschläge und kleidete sie in zwölf Artikel, die nach ihrer Ansicht am Anfang des Vertrages als Titel I des Zweiten Teils betreffend die „Grundlagen der Gemeinschaft“ **eingefugt** werden sollten. Dieser Titel sollte die **intitulatio** „Die Unionsbürgerschaft“ erhalten und insbesondere folgende Bestimmungen zum Inhalt **haben25)**:
a) Bestimmung der Unionsbürger
Als Unionsbürger sollte demnach gelten, „wer die Staatsangehörigkeit eines Mitgliedstaats besitzt“. Die **Unions bürg er** sollten die im Vertrag **vorgesehenen** Rechte und Pflichten haben, die neben ihre Rechte und Pflichten als Staatsangehörige der Mitgliedstaaten treten sollten.
b) Rechte der Unionsbürger
Zugunsten der Unionsbürger sollte der Vertrag folgende Rechte normieren:
- das Recht auf Schutz der Grundrechte, wie sie in der Europäischen Menschenrechtskonvention verankert sind;
- das Recht auf Nichtdiskriminierung aus Gründen der Staatsangehörigkeit,

B. Vorschläge Spaniens
Bereits am 24. September 1990 hatte Spanien über seinen Ministerpräsidenten Felipe Gonzalez ein eigenes Konzept einer „Europabürgerschaft“) vorgeschlagen. Demnach sollte im Zuge der Schaffung einer Politischen Union auch ein qualitativer Sprung von der bisherigen Stellung der Gemeinschaftsbürger als „Vorzugsausländer“ hin zu einem entwicklungsoffenen Bürgerstatus vollzogen werden. Zu diesem Zweck sollte im Vertrag ein umfassender Katalog von Rechten verankert werden, der insbesondere das Recht auf Chancengleichheit, das Verbot jeglicher Diskriminierung aus Gründen der Staatsangehörigkeit und das Recht auf politische Mitwirkung einschließlich der **Vereinigungsfreiheit** enthalten sollte. Als zentrale Bestandteile der „Europabürgerschaft“ wurden ua die volle Bewegungsfreiheit, die freie Wahl des Aufenthaltsortes und die freie Teilnahme am politischen Leben im **Aufenthaltsstaat genannt**)
C. Vorschläge der Kommission
Entsprechend den Vorgaben des Europäischen Rates **von Rom** vom 14./15. Dezember **1990) nahm** auch die Kommission in ihren vorbereitenden Arbeiten zur Regierungskonferenz über die Politische Union auf die **„Europabürgerschaft“** Bezug und formulierte ihre Vorstellungen zu deren Ausgestaltung.
1. Stellungnahme zur Regierungskonferenz über die Politische Union
In ihrer gemäß Art 236 EWGV abzugebenden Stellungnahme zur Einberufung der Regierungskonferenz über die Politische Union vom 21. Oktober 1990) stellte die Kommission fest, **dass** eine „echte Mitwirkung der Bürger am Aufbau der Gemeinschaft“ gewährleistet werden müsse. Davon ausgehend machte sie sich das vom spanischen Ministerpräsidenten Felipe Gonzalez vorgeschlagene Konzept einer **„Europabürgerschaft“)** zu eigen und führte aus, **dass** eine „solche Europabürgerschaft schrittweise Gestalt annehmen **(sollte)“.)** Als Grandlage dafür brachte die Kommission eine Erklärung über die Rechte und Pflichten der europäischen Bürger in Vorschlag, die folgenden Inhalt haben sollte: den Schutz der Menschenrechte in **Anlehnung** an die Europäische Menschenrechtskonvention, die Festlegung von Rechten der Bürger im Vertrag, **unter anderem** das von der Ausübung einer Erwerbstätigkeit unabhängige Recht **auf Freizügigkeit und Aufenthalt und das** Recht auf Teilnahme an **Europa- und Kommunalwahlen**, sowie die Festschreibung von Zielen, um längerfristig die Rechte und Pflichten der Bürger im zivilrechtlichen, wirtschaftlichen und sozialen Bereich **festzulegen**.)
2. Beiträge zur Regierungskonferenz über die Politische Union
In ihren Beiträgen zur **Regierangskonferenz** über die Politische Union vom 15. Mai 1991) konkretisierte die Kommission - ausgehend von den Vorgaben des Europäischen Rates von Rom vom 14./15. Dezember 1990) - diese Vorschläge und kleidete sie in zwölf Artikel, die nach ihrer Ansicht am Anfang des Vertrages als Titel I des Zweiten Teils betreffend die „Grundlagen der Gemeinschaft“ **eingefügt** werden sollten. Dieser Titel sollte die **Überschrift** „Die Unionsbürgerschaft“ erhalten und insbesondere folgende Bestimmungen zum Inhalt **haben**:)
a) Bestimmung der Unionsbürger
Als Unionsbürger sollte demnach gelten, „wer die Staatsangehörigkeit eines Mitgliedstaats besitzt“. Die **Unionsbürger** sollten die im Vertrag **vorge- seltenen** Rechte und Pflichten haben, die neben ihre Rechte und Pflichten als Staatsangehörige der Mitgliedstaaten treten sollten.
b) Rechte der Unionsbürger
Zugunsten der Unionsbürger sollte der Vertrag folgende Rechte normieren:
- das Recht auf Schutz der Grundrechte, wie sie in der Europäischen Menschenrechtskonvention verankert sind;

Quelle: Erhebung Weber, 2023

Ein weiterer interessanter Fall von Eigenplagiat wurde 2011 wiederum in Österreich bekannt: Der österreichische Politiker und heutige Journalist Peter Pilz hat im Jahr 1983 an der Universität Wien eine Studie als seine Dissertation eingereicht, die er ein Jahr zuvor mit dem Ko-Autor Hannes Werthner verfasst hat. In der Dissertation heißt es aber in der Einleitung, die Doktorarbeit „fußt“ auf der Studie, während die 184 Seiten in Wahrheit vollkommen identisch sind.

Abb. 5: Bibliografischer Eintrag zur früheren Studie

Titel	Ökonomische Bedeutung der neuen Medien in Österreich : Studie im Rahmen der IANM
Person/Institution	Pilz, Peter [VerfasserIn] Werthner, Hannes [VerfasserIn]
Verantwort.angabe	Peter Pilz ; Hannes Werthner
Art/Umfang/Format	184, 50 Bl., graph. Darst.
Ort/Verlag	Wien
Jahr/Datierung	1982
Sprache	Deutsch
Verbund-ID-Nr.	AC00690125
Link zum Datensatz	https://permalink.obvsg.at/AC00690125

Quelle: https://permalink.obvsg.at/AC00690125

Abb. 6: Bibliografischer Eintrag zur späteren Dissertation (Eigenplagiat)

Titel	Ökonomische Bedeutung der Einführung neuer Medien in Österreich
Person/Institution	Pilz, Peter [VerfasserIn]
Verantwort.angabe	Peter Pilz
Schlagwörter	Österreich → Neue Medien → Wirtschaftlichkeit → Prognose → Neue Medien → Ökonomie → Österreich →
Art/Umfang/Format	IV, 184 Bl., graph. Darst.
Univ. Angaben	Wien, Univ., Diss. **Institution:** Universität Wien
Jahr/Datierung	1983
Sprache	Deutsch
Verbund-ID-Nr.	AC02459084
Link zum Datensatz	https://permalink.obvsg.at/AC02459084

Quelle: https://permalink.obvsg.at/AC02459084

Auch im Fall Peter Pilz liegt somit ein unethisches Eigenplagiat (man könnte auch sagen: eine unethische Autorschaft) vor. Die studienrechtliche Norm, die sich ab ca. 2007 entwickelte, bezieht sich ja nur auf die Mehrfacheinreichung von Studienleistungen. Schon vorher galt die Norm, dass etwaige aus älteren Werken übernommene Inhalte für den Leser in eindeutiger Form ausgewiesen werden müssen – zumal im Falle unterschiedlicher Autorschaftskonstellation.

Wir können somit folgende Arten von Eigenplagiaten unterscheiden:

1. Das Eigenplagiat als *nicht ausgewiesene oder irreführend ausgewiesene* Wiederverwertung einer früheren studienrechtlichen Qualifikationsschrift (teilweise oder gänzlich) in einer späteren studienrechtlichen Qualifikationsschrift (*studienrechtliche Norm ab ca. 2007*)
2. Das Eigenplagiat als *nicht ausgewiesene oder irreführend ausgewiesene* Wiederverwertung einer früheren Veröffentlichung in einer späteren Qualifikationsschrift *(Fall Pilz)*

3. Das Eigenplagiat als *nicht ausgewiesene oder irreführend ausgewiesene* Wiederverwertung einer früheren studienrechtlichen Qualifikationsschrift in einer späteren Qualifikationsschrift *(Fall Obwexer)*
4. Das Eigenplagiat als *nicht ausgewiesene oder irreführend ausgewiesene* Wiederverwertung einer früheren Veröffentlichung in einer späteren Veröffentlichung (anders als Art 1, da nicht jede studienrechtliche Qualifikationsschrift veröffentlicht werden muss, siehe etwa Seminar- oder Bachelorarbeiten; in Deutschland auch Masterarbeiten)

Eine weitere und sehr spezielle Spielart des Eigenplagiats ist schließlich die Wiederholung identischer Abschnitte innerhalb ein und derselben Arbeit. Dies kann aus Nachlässigkeit, aus einem Versehen heraus geschehen – oder aber, um Seiten bewusst mit Redundanzen zu füllen. Eine leistungsfähige Software zur Erkennung von Wiederholung innerhalb ein und desselben Textes gibt es derzeit noch nicht, die Entwicklung eines solchen Werkzeugs wäre aber wünschenswert.

2.3 Arten von Fremdplagiaten

Während Eigenplagiate ein studienrechtliches Problem darstellen und/oder den Leser irreführen können, indem vermeintlich Neues vom Autor gar nicht neu ist, sind Fremdplagiate die weitaus häufigere und gefährlichere Form des Wissenschaftsplagiats: Fremdplagiate können dazu führen, dass falsche Erkenntnisse unhinterfragt weiter übernommen werden, dass Originalautoren um ihre Verdienste gebracht werden und Studierende einen Abschluss erhalten, die weder die hinreichende Recherche- noch die hinreichende Schreibkompetenz dafür aufbrachten.

In meiner langjährigen Tätigkeit als Plagiatsgutachter entwickelte ich folgende Differenzierung von Fremdplagiaten (im Sinne von *sich nicht ausschließenden* Kategorien, das heißt: ein Teilplagiat ist manchmal auch ein garniertes Plagiat; ein Vollplagiat ist manchmal ein Übersetzungsplagiat usw.):

1. **Vollplagiat** (Totalplagiat, Komplettplagiat)
2. **Teilplagiat** (Copy/Paste- oder Synonymplagiat)
3. **Bauernopfer-Plagiat** (vorhanden ist also stets eine „Bauernopfer-Referenz")
4. **Garniertes Plagiat**
5. **Zitatsplagiat**
6. **Quellenplagiat**

7. **Literaturplagiat**
8. **Strukturplagiat**
9. **Übersetzungsplagiat**
10. **Ideenplagiat**

Eine verwandte instruktive Differenzierung von Fremdplagiaten gibt es hier:

Abb. 7: Arten von Fremdplagiaten nach Riehmann et al. 2015

- **(Almost) Complete Plagiarism**: a section largely produced by copy-and-paste.
- **Obfuscation**: a text passage which is more or less paraphrased, often by simply substituting words with synonyms or inserting/deleting select words here and there.
- **Pawn Sacrifice**: text from a cited source is used but is referred to somewhere else in the document.
- **Exacerbated Pawn Sacrifice**: text is copied straight from a source and a correct reference is cited, but the reference is introduced with "‘likewise . . . "’ suggesting that there is a similar statement but not equal text.
- **Shake and Paste**: longer text sections, typically paragraphs, are taken and mixed from different sources.
- **Half Sentence Mending**: short sentences or sentence fragments from a source have been used.
- **Translation Plagiarism**: a text translated from a foreign language source which was more or less rephrased.

Quelle: https://downloads.webis.de/publications/papers/riehmann_2015.pdf, 2015, S. 3

Ad 1: Vollplagiat
Der Begriff „Vollplagiat“ oder „Totalplagiat“ ist streng genommen nie zutreffend. Denn sobald jemand genau dieselbe Arbeit lediglich mit anderem Namen und einem neuen Deckblatt abgibt, ist es kein *Voll*plagiat mehr. Alltagssprachlich meint Vollplagiat jedoch die komplette Übernahme einer älteren Arbeit unter neuem Namen. Eine zweite Bedeutung von „Vollplagiat“ ist, dass eine Arbeit komplett plagiiert ist, der Begriff wird dann also nicht vom Original, sondern vom Plagiat her gedacht. Dann kann sich das „Vollplagiat“ auch aus mehreren Quellen zusammensetzen, wie etwa in folgendem Beispiel.

Abb. 8: „Barcode"-Visualisierung eines Vollplagiats auf VroniPlag Wiki

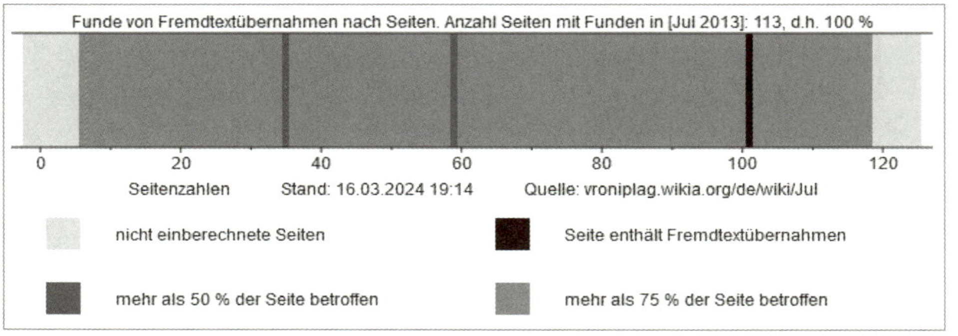

Quelle: https://vroniplag.fandom.com/de/wiki/Jul

Ad 2: Teilplagiat

Teilplagiate sind die mit Abstand häufigste Plagiatsform. „Teil" kann sich dabei auf ein Kapitel, ein Unterkapitel, einen Absatz oder auch nur einen einzigen Satz beziehen, wobei „Teil" wieder vom plagiierten Werk oder vom Plagiat her gedacht werden kann. Eine Untergrenze für ein Teilplagiat gibt es nicht. Teilplagiate können sowohl Copy/Paste-Plagiate als auch Synonymplagiate sein.

Bei VroniPlag Wiki war eine Zeitlang der Begriff „Halbsatzflickerei" verbreitet (siehe auch hier Abb. 7: „Half Sentence Mending"). Damit ist gemeint, dass eindeutig aus einem Original stammende *Wortketten* verwendet werden, der gesamte Umfang dieses „Umarbeitens" (des Flickwerkens) aber nicht ausgewiesen wird. Ein Beispiel für dieses Vorgehen, das gegen das Zitiergebot gerade in den text- und quellenarbeitsbasierten Wissenschaftsdisziplinen verstößt, ist im Anhang dieses Lehrbuchs dokumentiert. Die Grenze zum Bauernopfer-Plagiat ist oft fließend.

Ad 3: Bauernopfer-Plagiat

Bauernopfer-Plagiate[13] sind eine häufige Plagiatsform. Man findet sie auch in vielen Arbeiten aus der Zeit vor der Digitalisierung. Der „Bauernopfer-Plagiator" zitiert schlichtweg eine Quelle, schreibt dann aber unzitiert aus derselben Quelle weiter ab. Der Leser vermutet dann aber den Eigentext des Verfassers, da nicht (mehr) zitiert wurde. In Wahrheit stammt aber auch der dann unzitierte Fließtext aus der vorher zitierten Quelle. Voraussetzung für die Identifizierung eines Bauernopfer-Plagiats sind:

13 Der Begriff geht auf den Rechtswissenschaftler Benjamin Lahusen zurück, der 2006 in einer brillanten Rezension eines plagiierten Lehrbuchs in der Zeitschrift „Kritische Justiz" zunächst von „Bauernopfer-Referenzen" gesprochen hat, also von ungenügend eingestreuten Referenzen, die für weitere Übernahmen „geopfert" werden: https://www.jstor.org/stable/26425890

1. Die unzitierte Stelle darf nicht im Konjunktiv 1 wiedergegeben werden.
2. Es darf sich in der Stelle kein allgemeiner Hinweis auf den plagiierten Autor finden, wie etwa „Luhmann zufolge …“.

Bauernopfer-Plagiate sind ein beliebtes Mittel zur Lesertäuschung. Werden sie wiederholt eingesetzt, ist ein Versehen auszuschließen.

Ad 4: Garniertes Plagiat

Garnierte Plagiate (dieser Begriff ist eine Wortschöpfung des Verfassers dieses Lehrbuchs) sind Plagiate, bei denen die tatsächliche Quelle eines meist wörtlich übernommenen Fließtextes nicht angegeben wird, aber der so übernommene Text mit anderen, neuen Quellenangaben „angereichert“ wird. Damit entsteht beim Leser der Eindruck einer Wiedergabe der neu angeführten Quellen in eigenen Worten. Die neu angeführten Quellen finden sich beim garnierten Plagiat meist in den Fußnotentexten. Meist wird einfach ein bestehender Fließtext aus dem Internet oder einem Digitalisat herauskopiert und dieser dann mit „neuen“ Fußnoten versehen, also „garniert“.[14]

Ad 5: Zitatsplagiat

Zitatsplagiate sind unzulässige Übernahmen von direkten oder sinngemäßen Zitaten im Fließtext und/oder in Fußnoten aus an Ort und Stelle ungenannten Sekundärquellen, wobei es auch denkbar ist, dass die so übernommenen Zitate nie primär rezipiert wurden, sondern einfach aus den Sekundärquellen abgeschrieben wurden. Wichtig ist hier immer die Mustererkennung, das heißt die Identifikation eines Wiederholungsfalls. Denn es ist immer auch möglich, dass sich ein Verfasser von einem brauchbaren Zitat in der Sekundärliteratur inspirieren ließ und dann tatsächlich die Primärliteratur aufgesucht hat. Diese Entlastung entfällt wohl zumeist bei der Übernahme mehrerer Zitate hintereinander aus derselben Sekundärliteratur. Wie bei Literaturplagiaten (hier Punkt 7) können auch Zitatsplagiate durch sowohl im Prüfwerk als auch in der Sekundärliteratur auftauchende identische Fehler oder durch (idealerweise: mehrere) identische Auslassungen (gekennzeichnet mit „[…]“ oder „(…)“) gut erkannt werden. Wichtig ist also immer die Untersuchung nach gemeinsamen Abweichungen vom Originalzitat.

14 Beispiele für derartige garnierte Plagiate finden Sie in dieser Dokumentation: https://plagiatsgutachten.com/blog/diplomarbeit-oebb-matthae

Ad 6: Quellenplagiat

Quellenplagiate sind unzulässige Übernahmen von Quellenangaben *in Fußnotentexten* aus an Ort und Stelle ungenannten *anderen* Quellen, wobei es denkbar ist, dass die so übernommenen Quellenangaben nie rezipiert wurden, also einfach aus den *anderen* Quellen abgeschrieben wurden. Clusterungen von markierten Quellenangaben in Fußnotentexten sind mit Plagiatssoftware gut zu erkennen. Wichtig ist dabei das Muster, dass mehrere Fußnoten verschiedene Literaturtitel zitieren, aber die Software stets auf ein und dieselbe Quelle verweist. Der Verfasser hätte womöglich immer „zitiert nach:" schreiben müssen, aber dies eben auch nur, wenn die zitierte Quelle nicht mehr erhältlich gewesen wäre, wobei das Kriterium hier immer die weltweite Verfügbarkeit über internationale Fernleihe ist. – Hier ein Beispiel für einen Hinweis auf ein Quellenplagiat (Auszug):

Abb. 9: Beispiel für ein mögliches Quellenplagiat im Fußnotenbereich

Social Responsibility, 2016, S. 51.
26
[33] Vgl. *Caradonna*, Sustainability, 2014, S. 36 f.; vgl. *Grober*, Der Erfinder der Nachhaltigkeit, Die Zeit 48 (November 1999): 98, abrufbar unter: http://www.zeit.de/1999/48/Der_Erfinder_der_Nachhaltigkeit, zuletzt abgerufen am 20. Februar 2022.
26
[34] Vgl. *Mill*, Grundsätze der politischen Ökonomie, 1848, IV.6.4-9, abrufbar unter: http://www.econlib.org/library/Mill/mlP61.html, zuletzt abgerufen am 04. April 2022; *Caradonna*, Sustainability, 2014, S. 77 ff.
[35] Die industrielle Revolution begann ca. 1760 und endete ca. 1840.
[36] Diese Umschreibung betrifft die Auffassung seinerzeit. Im heutigen wissenschaftlichen Diskurs besteht keine Einigkeit darüber, ob diese Konzepte widerstreitend sind oder gar symbiotisch wirken. Anschaulich dazu ist etwa die Konzeption der Europäischen Kommission, die beide Konzepte in einen Titel fasst, Mitteilung der Kommission an das Europäische Parlament, den Europäischen Rat, den Rat, die Europäische Zentralbank, den Europäischen Wirtschafts- und Sozialausschuss und den Ausschuss der Regionen, Aktionsplan: Finanzierung nachhaltigen Wachstums, COM(2018) 97 final v. 8.3.2018 („Aktionsplan").
[37] Vgl. *Caradonna*, Sustainability, 2014, S. 77 ff.; vgl. *Jackson*, Prosperity without Growth, 2016, S. 122.
[38] Vgl. *Mill*, Grundsätze der politischen Ökonomie, 1848, IV.6.4 f., abrufbar unter: http://www.econlib.org/library/Mill/mlP61.html, zuletzt abgerufen am 04. April 2022.

Verdacht auf Quellenplagiat: Drei unterschiedliche Quellen in Fußnoten verweisen allesamt auf Quelle 26 der Plagiatssoftware
Quelle: Gutachten Weber zur Dissertation von N.N., 2023

Ad 7: Literaturplagiat

Literaturplagiate sind unzulässige Übernahmen von Quellenangaben *in Literaturverzeichnissen* aus anderen Quellen, wobei zusätzlich der Verdacht besteht, dass die so übernommenen Quellenangaben nie rezipiert wurden. Literaturplagiate in Literaturverzeichnissen sind heute mit Plagiatssoftware wie *Turnitin* ebenso zuverlässig zu erkennen. Manuell erbringt man den Nachweis eines Literaturplagiats am besten durch die Identifikation identischer Zitier-Abweichungen bzw. Fehler, die sowohl in der Literaturliste des Originals als auch in der Literaturliste des Plagiats auftauchen. Daher empfiehlt es sich, bei „Anschlagen" der Plagiatssoftware in Literaturverzeichnissen (References) die Zitierung im Wortlaut immer mit dem tatsächlichen

Wortlaut des zitierten Werks abzugleichen. – Hier ein Beispiel für einen Hinweis auf ein Literaturplagiat (Auszug).

Tab. 2: Beispiel für ein mögliches Literaturplagiat im Literaturverzeichnis

Prüfwerk	**Original**
Meunier-Jessen, H.: „Das deutsche Feuilleton“, Berlin 1931.	Meunier, Ernst und Jessen, Hans: Das deutsche Feuilleton. Berlin 1931.
Rosenkaimer, Eugen: „Adolf Scheibe als Verfasser seines kritischen Musicus“, Bonn 1929.	Rosenkaimer, Eugen: Johann Adolph Scheibe als Verfasser seines „Critischen Musicus“. Diss. Bonn 1929.
Schering, Arnold: „Aus der Geschichte der musikalischen Kritik in Deutschland“, in „Jahrbuch der Musikbibliothek, Peters für 1928“, 35. Jg., S. 9–23.	Schering, Arnold: Aus der Geschichte der musikalischen Kritik in Deutschland. Jahrbuch der Musikbibliothek Peters für 1928.
Schletterer, H.M.: „Joh.Friedrich Reichardt – sein Leben und seine musikalische Tätigkeit“, Leipzig o. J.	Schletterer, H. M.: J. Fr. Reichardt. 1865.
Springer, Hermann: „Normen und Fehlerquellen der Musikkritik“, in „Mitteilungen des Vereins deutscher Musikkritiker Jg. 1925, S. 28 ff.	Springer, Hermann: Normen und Fehlerquellen der Musikkritik. (Mitteilungen des Vereins deutscher Musikkritiker.)
Storch, Arno: „J. A. Scheibes Anschauungen von der publitzistischen [sic] musikalischen Historie, Wissenschaft und Kunst“, Leipzig 1923.	Storch, Arno: J. A. Scheibes Anschauungen von der publizistischen musikalischen Historie, Wissenschaft und Kunst. Diss. Leipzig 1923.

Quelle: Gutachten Weber zur Dissertation von N.N., 2022

Ad 8: Strukturplagiat

Strukturplagiate sind Übernahmen von Gliederungen, also von Teilen eines Inhaltsverzeichnisses einer Arbeit. Mit „Strukturplagiat“ werden niemals wörtliche Übernahmen im Fließtext bezeichnet. Im folgenden Beispiel ist links das Strukturplagiat aus der Diplomarbeit eines österreichischen Politikers zu sehen, rechts das Original. Die Quelle Kirst wird dann erst im Fließtext der Diplomarbeit angeführt. Der Leser erfährt aber nicht, dass sich diese Strukturierung auch bei Kirst findet und der Verfasser die gedankliche Eigenleistung der Strukturierung hier nicht erbracht hat.

Abb. 10: Beispiel für ein Strukturplagiat im Inhaltsverzeichnis

Diplomarbeit Drozda	Ungenannte Quelle(n)
1.2 Problemstellung und	1.1 Problemstellung und Ablauf der
Begriffsdefinition 8	Untersuchung 10
[...]	[...]
1.3 Direktinvestitionen als Problem der	1.3 Direktinvestitionen als Problem der
Wirtschaftspolitik 16	Wirtschaftspolitik 15
[...]	[...]
3. DIE THEORIEN DER	3. DIE THEORIE(N) DER
DIREKTINVESTITION 36	DIREKTINVESTITIONEN 48
3.1 Überblick und Abgrenzung relevanter	3.1 Zur Abgrenzung der relevanten
Theoriefelder 36	Theoriebereiche 48
[...]	[...]
3.2.2 Direktinvestition als Ergebnis	3.2.2 Direktinvestitionen als
oligopolistischer Reaktion 42	oligopolistische Reaktion 60
3.2.3 Produktdifferenzierung,	3.2.3 Produktdifferenzierung,
Mehrbetrieblichkeit und Direktinvestition	Mehrbetrieblichkeit und Direktinvestition
43	65
3.2.4 Direktinvestitionen als Resultat	3.2.4 Externes Unternehmenswachstum
externen Unternehmenswachstums 45	und Direktinvestition 68
3.2.5 Der währungsorientierte Ansatz 47	3.2.5 Der währungsorientierte Ansatz 71
[...]	[...]
3.3 Umfassende Erklärungsansätze 63	3.3 Erklärungsansätze mit umfassendem
3.3.1 Portfoliomotive und	Anspruch 76
Direktinvestitonen 63	3.3.1 Portfoliomotive und
3.3.2 Standorttheortische Erklärungen der	Direktinvestitionen 76
Direktinvestition 65	3.3.2 Standorttheoretische Erklärungen
3.3.2.1 Standortfaktoren und	80
internationale industrielle Mobilität 65	3.3.2.1 Standortfaktoren und internationale industrielle Mobilität 80
3.3.2.2 Produktlebenszyklus und	3.3.2.2 Die Bestimmung des Standortes
Direktinvestitionen 68	der Produktion durch den
3.3.3 Transaktionskosten und	Produktlebenszyklus
Direktinvestition 73	3.3.3 Der Transaktionskostenansatz als
3.3.3.1 Die Begründung Coases für die	Grundlage einer allgemeinen Theorie der
Existenz von Unternehmen 73	Direktinvestitionen
3.3.3.2 Transaction-Cost-Economics 74	3.3.3.1 Die Begründung von Coase für die
3.3.3.3 Internationalisierung durch	Existenz von Unternehmen
Internalisierung 77	3.3.3.2 Transaction-Cost Economics

3.3.4 Der eklektische Ansatz - ein Integrationsversuch 81 [...] 3.5 Quantitative empirische Evidenz 91 3.5.1 Abgrenzung und Probleme der Untersuchungen 91 3.5.2 Empirische Evidenz zu ausgewählten theoretischen Ansätzen 92 *(S. 1-3)*	3.3.3.3 Internationalisierung durch Internalisierung 3.3.4 Der eklektische Ansatz von Dunning 3.4 Der Stand der quantitativen empirischen Forschung 3.4.1 Zur Abgrenzung der einbezogenen Untersuchungen und deren genereller Problematik [...] 3.4.3 Empirische Evidenz zu einzelnen theoretischen Ansätzen *(Krist, S 1f.)*

Quelle: Gutachten Weber zur Diplomarbeit von Thomas Drozda, 2017

Ad 9: Übersetzungsplagiat

Es ist zu vermuten, dass Übersetzungsplagiate weitaus häufiger vorkommen, als sie nachgewiesen werden können. Gegenwärtige Plagiatssoftware-Systeme scheitern noch an der zuverlässigen Erkennung von Übersetzungs- bzw. Fremdsprachenplagiaten. Man kann sie jedoch über einen Umweg erkennen: über gemeinsame Zitate in derselben Landessprache, über gemeinsam auftauchende Ketten von Referenzen oder über auffällige Übereinstimmungen im Literaturverzeichnis. Über gemeinsame Zitate in derselben Landessprache, hier in Englisch, habe ich etwa dieses Übersetzungsplagiat in einem Dissertationsentwurf aus dem Jahr 2023 identifiziert:

Abb. 11: Beispiel für ein Übersetzungsplagiat, Plagiat

10 IMPLEMENTATION OF SMART MOBILITY IN THE ZILLERTAL VALLEY

This chapter examines the conditions for the implementation of smart mobility in the Zillertal Valley. According to Dopfer's multi-level approach, both the requirements for the institutional actors at meso level and the user demands for smart mobility solutions at micro level are considered. First, Chapter 10.1 summarises infrastructural and qualitative mobility needs for the implementation of smart mobility in the Zillertal Valley. Then, Chapter 10.2 addresses the requirements of actors at the meso level, explains the drivers and key actors of innovation implementation (10.2.1) and then, with regard to the RACAP of the case study region, sets out the challenges and opportunities for the Zillertal Valley associated with the implementation of mobility innovations (10.2.2). Then Chapter 10.3 examines the micro level, presents the demands and usage barriers of mobility users towards smart mobility (10.3.1) and addresses the results of the mobility type analysis (10.3.2).

Entwurf einer Doktorarbeit von N.N. aus Österreich (Änderung im lokalen Bezug markiert)
Quelle: Gutachten Weber, 2023

Abb. 12: Beispiel für ein Übersetzungsplagiat, Original

10 Implementierung und Adoption von Smart Mobility-Lösungen im Kreis Heinsberg

Dieses Kapitel untersucht die Bedingungen der Implementierung von SMo in der Fallstudienregion Kreis HS. Nach dem Dopfer'schen (2004) Mehrebenen-Ansatz werden dazu sowohl die Anforderungen an die institutionellen Akteure auf der Meso-Ebene als auch die Nutzeransprüche an smarte Mobilitätslösungen auf der Mikro-Ebene berücksichtigt.

Zunächst fasst Kapitel 10.1 infrastrukturelle und qualitative Mobilitätsbedarfe zur Implementierung von SMo im Kreis HS zusammen. Dann geht Kapitel 10.2 auf die Anforderungen der Akteure auf der Meso-Ebene ein, erläutert die Treiber und Schlüsselakteure der Innovationsimplementierung (10.2.1) und legt anschließend in Hinblick auf die RACAP der Fallstudienregion die Herausforderungen und Chancen für HS dar, die mit der Implementierung von Mobilitätsinnovationen einhergehen (10.2.2). Dann untersucht Kapitel 10.3 die Mikro-Ebene, stellt die Ansprüche und Nutzungsbarrieren der Heinsberger Mobilitätsnutzer gegenüber SMo dar (10.3.1) und geht auf die Ergebnisse der Mobilitätstypen-Analyse ein (10.3.2).

Original, Doktorarbeit von N.N. aus Deutschland
Quelle: Gutachten Weber, 2023

Ad 10: Ideenplagiat

Ideenplagiate sind Plagiate ohne wörtliche Übereinstimmungen. Sie sind schwierig nachzuweisen. Nehmen wir an, ein früherer Verfasser macht einem späteren Verfasser den Vorwurf eines Ideenplagiats. Der frühere Verfasser reklamiert für sich, der Erste gewesen zu sein, der (in einem fiktiven Beispiel) die Evolutionäre Erkenntnistheorie und den Radikalen Konstruktivismus vergleichend dargestellt hat. Der spätere Verfasser hat diesen Vergleich dann ebenso geleistet, aber den früheren Verfasser nicht zitiert. Nun muss zweierlei nachgewiesen werden:

1. Der spätere Verfasser hat vom früheren Verfasser die Idee geklaut und ihn bewusst verschwiegen.
2. Der frühere Verfasser war tatsächlich der Erste, der diese Denkleistung, hier: diesen Vergleich, erbracht hat.

In 17 Jahren gutachterlicher Tätigkeit konnte ich noch keinen empirisch belastbaren Beweis für ein sogenanntes Ideenplagiat erbringen: Was, wenn der spätere Verfasser das Werk des früheren Verfassers tatsächlich nicht gekannt hat? Eine Pflicht zur „vollständigen Recherche“ gibt es nicht und eine solche wäre auch nicht möglich.

Der Vorwurf eines Ideenplagiats wird manchmal auch im künstlerischen Kontext erhoben. Der Verdacht lautet dann, dass ein „Plot“ plagiiert wurde. Auch hier ist der Nachweis schwierig. In der Wissenschaft hat sich für geklaute Ideen auch der Begriff „Wissenschaftsspionage“ eingebürgert.

Im internationalen Kontext wird häufig eine weitere Plagiatsart genannt, das sogenannte **„Sham Paraphrasing“**, also die vorgetäuschte Paraphrase: Es wird ein inhaltliches (sinngemäßes) Zitat in eigenen Worten vorgetäuscht und mit einer entsprechenden Quellenangabe, z. B. „(vgl. N.N. xxxx)“, versehen. Allerdings wurde der *Wortlaut* aus dem Original übernommen, der Verfasser hätte also Anführungszeichen setzen müssen, die ein direktes Zitat anzeigen. Da aber Quellenangaben vorhanden sind (wenn auch oft nur vage am Ende eines Absatzes), zählt diese Kategorie im deutschsprachigen Raum nicht als Plagiat. Die Grenze zum Plagiat ist allerdings dort überschritten, wo sich die Quellenangabe erst einen Absatz später oder anderswo im Fließtext befindet, eine Quellenangabe an Ort und Stelle des Übernommenen also nicht vorhanden ist.[15]

15 Siehe etwa diese Dokumentation: https://plagiatsgutachten.com/blog/plagiatsvorwurf-gegen-maria-windhager. Dann handelt es sich nämlich um Kategorie 3 (Bauernopfer-Plagiate).

2.4 Plagiatssoftware

Der Plagiatscheck einer wissenschaftlichen Arbeit überprüft die Korrektheit der Quellenarbeit eines Verfassers, das heißt die Regelkonformität seines „Referenzsystems". Die Plagiatsprüfung hat daher ***vor*** einer inhaltlichen Bewertung und losgelöst von ihr zu erfolgen: Erst wenn der Beurteilende weiß, dass ein Text tatsächlich zur Gänze vom Autor stammt und das „Referenzsystem" lege artis ist, kann er sich inhaltlich mit einem Werk auseinandersetzen.

Am Beginn einer Plagiatsprüfung steht:

- das „Durchgoogeln" von markanten Wortketten (empfohlen werden vier bis sieben Wörter am Stück, mit doppelten Anführungszeichen eingeben) in Textabschnitten, die keine Zitierungen ausweisen
- und/oder die Softwareprüfung.

Die weltweit leistungsstärkste Plagiatssoftware ist *Turnitin* mit ihren Derivaten *iThenticate* (eher für die wissenschaftliche Zielgruppe) und *Scribbr* (eher für die studentische Zielgruppe der Selbsttester). Ein weit verbreiteter und oft gehörter Irrtum ist, dass der Einsatz von Plagiatssoftware nichts oder nur wenig bringt. Aufgrund seiner langjährigen Erfahrung weiß der Verfasser dieses Lehrbuchs, dass das glatte Gegenteil der Fall ist: Kaum eine tiefergehende, elaborierte Untersuchung wäre ohne erste Fundstellen möglich gewesen, die *Turnitin* identifiziert hat. **Der flächendeckende Einsatz von Plagiatssoftware wird daher mit Nachdruck empfohlen.**

Von *Turnitin* gibt es zwei Produktlinien, ***Originality*** und ***Similarity.***

Turnitin Originality: Das Produkt ist an den meisten Universitäten und Hochschulen weltweit im Einsatz und ist ein Einreichsystem, das in Lehrkräfte, Kurse, Aufgaben und studentische Einreichungen (Uploads) gegliedert ist. Die einzig sinnvolle Option für Bildungseinrichtungen jeder Art ist die Anbindung von *Turnitin Originality* direkt an die verwendete Lernplattform (Learning Management System, LMS). In den meisten Fällen wird dies *Moodle* sein. Es sollte daher möglich sein, *jede* schriftliche Abgabe eines Studierenden mittels Mausklick über die *Turnitin*-API direkt einer Ähnlichkeitsprüfung zu unterziehen. Die Schnittstelle zu *Turnitin* ist meist so konfiguriert, dass Lehrende bei jeder Aufgabe neu einstellen können, ob sie Studierenden einen Selbsttest mit der Plagiatssoftware vor der „offiziellen" Einreichung gestatten oder nicht.

Wenn es das Ziel ist, dass mehrere Arbeiten miteinander verglichen werden sollen (etwa alle Abgaben aus einer schriftlichen Klausur oder alle Seminararbeiten eines Seminars), dann ist die entsprechende Einstellung auf *Turnitin* vorzunehmen. Wird *„Die übermittelten Arbeiten nicht aufbewahren"* gewählt, ist kein Vergleich innerhalb der hochgeladenen Dokumente möglich. Es wird daher empfohlen, bei Prüfungen studentischer Arbeiten untereinander immer genau auf die richtige Ablageoption zu achten. Zumindest ist dann die *„Institutionsablage für Arbeiten"* zu wählen.

Abb. 13: Ablageoptionen bei *Turnitin Originality*

Quelle: Screenshot Weber, 2024

Turnitin Originality gleicht webbasiert eine hochgeladene Arbeit erstens mit dem aktuellen und dem vergangenen Internet (ab ca. 1998) ab, zweitens mit Wissenschaftsdatenbanken wie etwa *Springer Link* oder *Thieme Connect* und drittens mit den bereits zuvor im System eingereichten und in der *„Standardablage für Arbeiten"* abgelegten studentische Arbeiten. Findet *Turnitin Originality* Übereinstimmungen mit bereits abgelegten studentischen Arbeiten, so kann man die Arbeit bei der betreffenden Lehrkraft anfordern, die wiederum von *Turnitin* gebeten wird, diese anonym an den Anfragenden zu senden.

Turnitin Similarity operiert ebenfalls als webbasierter Dienst, ist aber nicht als Einreichsystem für Studierende konzipiert. Die Datenbank ist identisch zu jener von *Turnitin Originality*. Übereinstimmungen mit bereits eingereichten studentischen Arbeiten werden angezeigt, aber eine Anfrage bei der jeweiligen Lehrkraft zum Erhalt der Arbeit ist nicht möglich.

Scribbr („powered by *Turnitin*") gleicht ebenfalls webbasiert eine hochgeladene Arbeit mit dem aktuellen und dem vergangenen Internet sowie mit Wissenschaftsdatenbanken ab. Es fehlen aber als Vergleichsbasis jene Millionen Dokumente, die bereits auf *Turnitin* vorwiegend von Studierenden hochgeladen wurden.

Turnitin hat ein Lizenzmodell, bei dem Institutionen neben einer Grundgebühr pro Studierenden bezahlen. Ein restriktiver Umgang mit der Plagiatssoftware ist daher allein schon ökonomisch betrachtet nicht sinnvoll, ja eigentlich bei öffentlichen Einrichtungen Steuergeldverschwendung. Eine inhaltliche Beschränkung ist noch weniger sinnvoll: Die Stärke der Plagiatssoftware liegt ja darin, dass möglichst viele Arbeiten hochgeladen werden und als Vergleich für neue Arbeiten herangezogen werden können. Eine Beschränkung nur auf Master- und Doktorarbeiten verfehlt daher den Sinn von *Turnitin* völlig. Vielmehr ist den Lehrkräften zu empfehlen, jede, aber auch wirklich jede studentische Arbeit hochzuladen, beginnend mit dem ersten Protokoll aus der ersten Einführungslehrveranstaltung im ersten Semester. In prüfungsimmanenten Lehrveranstaltungen wie etwa Seminaren ist es sinnvoll, modulare Abgaben zu verlangen und Teile von Seminararbeiten hochzuladen. Damit können Zitierprobleme gleich am Anfang einer Lehrveranstaltung abgefangen werden.

Es wird empfohlen, bei *Turnitin* nichts automatisch zu exkludieren, denn auch direkte Zitate und Literaturverzeichnisse können plagiiert sein. Insbesondere bei Übersetzungsplagiaten spielt der „zitationsbasierte Ansatz" eine bedeutende Rolle in der Plagiatserkennung: Plagiate können über identische Quellenangaben oder identische Literaturtitel im Literaturverzeichnis erkannt werden.

Da *Turnitin* die erste Software am Markt war, bietet die Software den mit Abstand zeitlich längsten und besten Rückblick ins vergangene Internet. Die Software ist also allein schon deshalb die leistungsstärkste.

Jeder *Turnitin*-Nutzer macht bald die Erfahrung, dass viele der Texte zwar noch mit Links versehen sind, die Links aber nicht mehr im Web zu finden sind. Hier helfen Internet-Archive wie die *Wayback Machine* (https://archive.org/web) weiter. Die Texte finden sich aber in den meisten Fällen auch noch im Repository von *Turnitin*. Ein selektives Googeln von Wortketten aus diesen Texten führt dann manchmal wiederum zur aktuellen URL.

Oft findet man mit *Turnitin* ein Dokument, bei dem es sinnvoll erscheint, das gesamte Dokument mit dem zu prüfenden Werk genau abzugleichen. Für einen solchen Text-mit-Text-Abgleich ist die kostenlose *Windows*-Desktop-App *WCopyfind* zu empfehlen. Empfohlen wird die Einstellung, dass mindestens drei Wörter hintereinander markiert werden. Bei weniger als drei Wörtern hintereinander wird das Darstellungsprotokoll naturgemäß unübersichtlich, es gibt dann zu viele *false positives.* Werden als untere Grenze hingegen vier oder gar mehr Wörter eingestellt, können bereits Synonymplagiate übersehen werden.

WCopyfind vergleicht systematisch einen Text mit einem anderen, wobei der Report ein HTML-File ist. Es ist damit möglich, bei Klick auf eine markierte Fundstelle in Dokument A auf dieselbe Fundstelle in Dokument B zu gelangen. Das Auffinden von Plagiaten und eben auch von Synonymplagiaten (die ja in der Regel auch kurze identische Wortketten aufweisen) wird mit *WCopyfind* wesentlich erleichtert. Allerdings ist es derzeit noch nicht möglich, einen einzelnen Text mit einer Anzahl von vom Nutzer hochgeladenen Texten oder mehrere vom Nutzer hochgeladene Texte *untereinander* zu vergleichen. Auch diesbezügliche Software-Lösungen wären wünschenswert. Der Vergleich von einem Text mit einem anderen Text, der in Wahrheit aus mehreren Werken besteht, wird bei *WCopyfind* rasch unübersichtlich, weshalb hier die Software-Entwicklung gefordert ist.

2.5 Plagiatsdokumentation und -visualisierung

Seit der Gründung von *GuttenPlag Wiki* und *VroniPlag Wiki,* also seit 2011, entwickeln sich neue Formen der digitalen Dokumentation von Plagiaten. Plagiatsfragmente können entweder wiki-basiert in Templates (neu, seit 2011) oder klassisch in Form von Tabellen in Textverarbeitungsprogrammen dargestellt werden. Bei beiden Formen hat es sich eingebürgert, dass in der linken Spalte das Plagiat dargestellt wird und in der rechten das Original, die unzitierte Quelle, obwohl die zeitliche Richtung ja vom Original zum Plagiat ging. Plagiatsforscher erklären sich diese Konvention damit, dass das Plagiat im Zentrum der Analyse steht und deshalb in der linken, für das Auge „prominenteren" Spalte zu finden ist. Um Missverständnisse beim Leser zu vermeiden, sollten Plagiatsfragmente und Originalstellen in der Dokumentation nicht in Anführungszeichen gestellt werden.

Ebenfalls im Jahr 2011 wurde von einem Anonymus ein „Barcode" zur Darstellung von plagiatsinfizierten Seiten in einem Sprachwerk entwickelt, siehe etwa für den Fall Guttenberg hier:

Abb. 14: „Barcode“-Visualisierung des Plagiats von Guttenberg, 2011

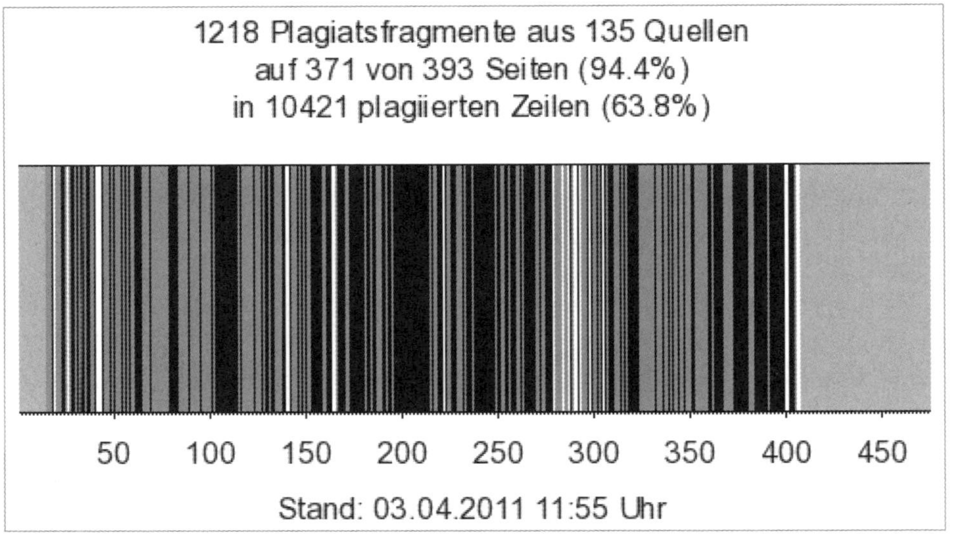

Quelle: https://de.wikipedia.org/wiki/GuttenPlag_Wiki#/media/Datei:Barcode _zeilen.png, Zitierung hier unter Lizenz https://creativecommons.org/licenses/by-sa/4.0/deed.de

Hier ein „Barcode“ aus einem Gutachten des Verfassers dieses Lehrbuchs:

Abb. 15: Barcode aus eigenem Gutachten

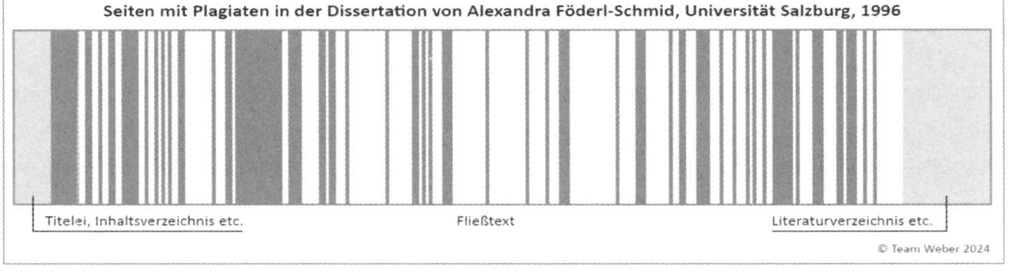

Quelle: Gutachten Weber, 2024

Auf VroniPlag Wiki finden sich auch solche optisch beeindruckenden Visualisierungen von Plagiatsprävalenzen in einem Werk:

Abb. 16: Visualisierung von plagiierten Anteilen einer Arbeit

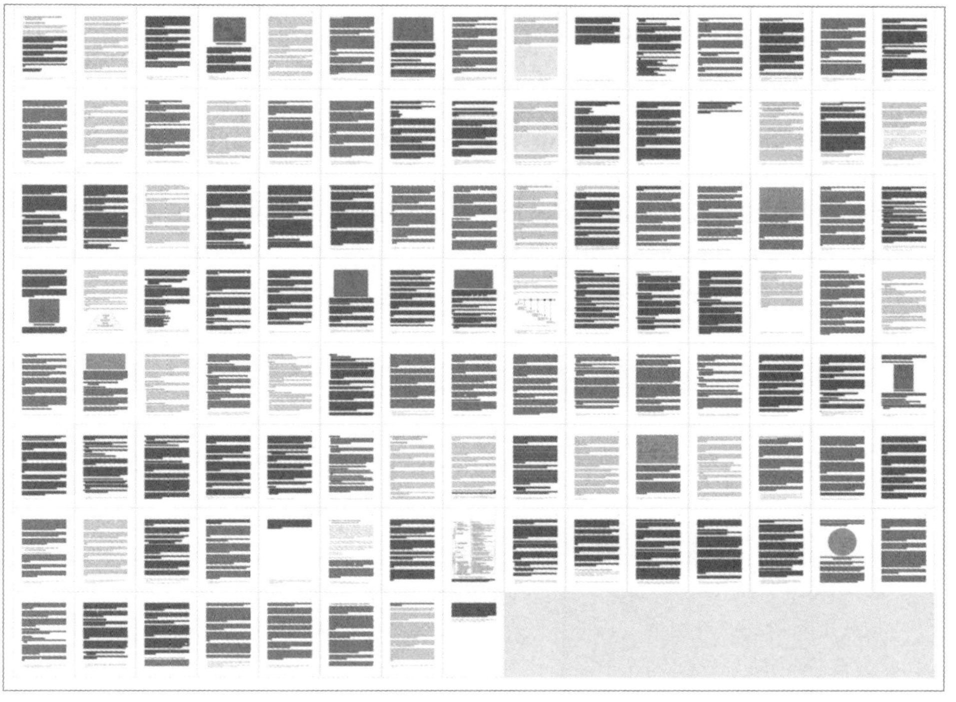

Quelle: https://vroniplag.fandom.com/de/wiki/Jul/Befunde?li_source=LI&li_medium=wikia-rail-i18n

Ein spannender neuer Ansatz ist schließlich der Versuch der Live-Visualisierung (Bewegtbild, Video) der Veränderung eines Textes vom Original zum Plagiat: Man sieht dann gleichsam, was der Plagiator mit Copy/Paste bearbeitet hat, was er umgestellt und was er paraphrasiert hat.[16]

16 Erstmals hier: https://downloads.webis.de/publications/papers/riehmann_2015.pdf

2.6 Plagiatsforschung

An den deutschsprachigen Universitäten und Hochschulen ist Plagiatsforschung bislang nicht institutionalisiert worden. Es gibt auch keine übergeordneten Institute oder Stellenwidmungen für die Erforschung wissenschaftlichen Fehlverhaltens oder der guten wissenschaftlichen Praxis.

International sieht die Lage ganz anders aus: „Academic Integrity" ist ein distinktes Forschungsfeld mit eigenen Professorenstellen und eigenen Fachzeitschriften.[17] International gibt es auch breite Forschung sowohl zum Einsatz und zur Effizienz von Plagiatssoftware wie *Turnitin* als auch zur tatsächlichen Plagiatsprävalenz in wissenschaftlichen Veröffentlichungen, wobei dann bei Inhaltsanalysen wiederum Plagiatssoftware wie *Turnitin* zum Einsatz kommt.[18]

Eine zukunftsträchtige Option ist die Kombination von Plagiatssoftware mit Machine-Learning-Verfahren zu einer (semi)automatisierten Plagiatserkennung.

17 So etwa das „International Journal for Educational Integrity", https://edintegrity.biomedcentral.com oder das „Journal of Academic Ethics", https://www.springer.com/journal/10805

18 Siehe etwa Thomas, Adèle (2019): Plagiarism in South African management journals: A follow-up study, http://www.scielo.org.za/pdf/sajs/v115n5-6/12.pdf

2.7 Wie entdeckt man Plagiate?

Das folgende Schaubild fasst die einzelnen Stufen der Plagiatserkennung zusammen:

Abb. 17: Wie entdeckt man Plagiate?

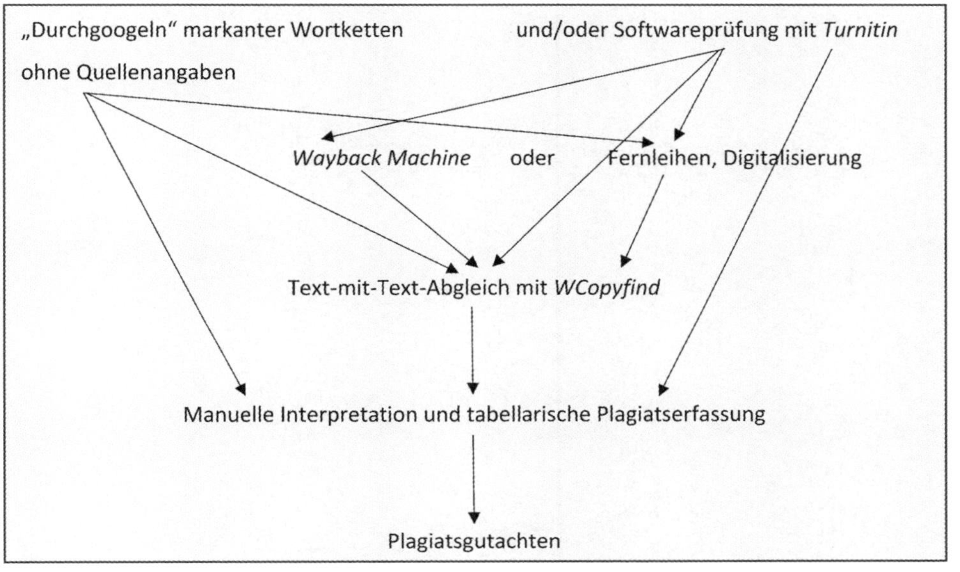

(Quelle: Schaubild Weber, 2024)

* * *

Schließlich ist zu fragen: Wie lassen sich Plagiate schon vor der Plagiatsprüfung vermeiden? Die Antwort ist zumindest für die Betreuer recht einfach: Indem die Themen so weit sachlich, sozial, zeitlich und räumlich eingegrenzt und fokussiert werden, dass Plagiate fast unmöglich werden (vgl. auch WEBER 2023). Auch in Theorieteilen wäre entsprechend auf strikte Anwendungsorientierung zu achten. Empirieteile sollten die Arbeiten dominieren, wobei die Arbeiten insgesamt deutlich kürzer ausfallen sollten (vgl. ebenda).

In diesem Kapitel wurden nur die Plagiatssoftware *Turnitin* und ihre Derivatprodukte vorgestellt. *Turnitin* hat in den vergangenen Jahren viele Mitbewerber angekauft oder ist Kooperationen mit ihnen eingegangen. Im Moment verhält sich *Turnitin* im Markt der internationalen Plagiatssoftware-Anbieter wie *Google* im Markt der internationalen Websuchen-Anbieter. Das kann sich natürlich ändern; aber aktuell gibt es keinen Grund, sich hier in der Darstellung auf andere Systeme zu konzentrieren.

3. Ghostwriting

Die Entdeckung von *Ghostwriting* (d.h. von unzulässiger gänzlicher oder teilweiser Fremdautorschaft, im Englischen hingegen üblich: *Contract Cheating*) ist schwieriger als die Entdeckung von Plagiaten, aber dennoch gibt es Methoden aus der IT-Forensik und der Stilometrie, die bei der Autorschaftsbestimmung behilflich sein können. Im Folgenden stelle ich drei Zugänge zur Entdeckung einer unzulässigen Fremdautorschaft vor:

1. **„IT-Forensik" eines Digitalisats:** Was ist aus den Metadaten herauszulesen? Welche Hinweise gibt das Digitalisat eines Textes sonst noch?
2. **Stilometrische Checkliste:** Eine Liste, die auf langjährigen Erfahrungswerten beruht.
3. **Softwaregestützte Autorschaftsprüfung:** Im Moment gibt es nur Prototypen, einer wird hier vorgestellt.

Ad 1: „IT-Forensik" eines Digitalisats

Jede Überprüfung, ob der Autor eines Werks auch der ist, der angegeben wird, sollte mit einem Blick auf die Dokumenteigenschaften beginnen (in *MS Word* etwa: *Datei → Informationen*; in *Adobe*-Anwendungen: *Menü → Dokumenteigenschaften*). Vorausgesetzt wird, dass das Dokument vom Empfänger, der Lehrkraft, nicht schon in einem anderen Dateiformat abgespeichert wurde, sondern so untersucht wird, wie es vom Sender erhalten wurde. In seltenen Fällen passiert es, dass eine Ghostwriting-Agentur vergisst, ihre eigenen digitalen Spuren zu verwischen, und man über den Eintrag im Feld „Autor" bereits eine Ghostwriting-Agentur als wahren Urheber identifizieren kann. Meist weisen jedoch auffällige Angaben im Feld „Autor" nur auf Templates hin, die von der Universität vorgegeben wurden.

Bei der Frage nach möglichem Ghostwriting werden sehr häufig zwei Einreichungen vom vorgeblich selben Verfasser miteinander verglichen, wobei eine Einreichung auffallend schlecht und eine andere auffallend gut ist. Wenn zwei Einreichungen vorliegen, können etwa folgende IT-Indikatoren verglichen werden:

Tab. 3: „IT-Forensik" von zwei Vergleichswerken

IT-Indikator	**Werk 1, 2022 (fiktives Beispiel)**	**Werk 1, 2023 (fiktives Beispiel)**
Titel in den Metadaten	„uni_Vorlage"	„Best Paper"
Verfasserangabe in den Metadaten	„office_uni"	„ab"
PDF-File erstellt mit	Adobe PDF Library 20.9.95 (Acrobat PDFMaker 20 für Word)	macOS Version 12.1 (macOS Systemfunktion „als PDF speichern")
PDF-Version	1.6 (Acrobat 7.x)	1.6 (Acrobat 7.x)
Schrifttyp des Fließtexts, auffällige Abweichungen	Calibri	Times New Roman
Schriftgröße des Fließtexts, auffällige Abweichungen	12 Pt	11 Pt
Hinweis auf automatisches Überschriften- und Inhaltsverzeichnisverwaltung	Ja	Nein
Hinweis auf automatische Literaturverwaltung (EndNote, Citavi etc.)	Nein	Ja
Nur Adobe-Anwendungen: Hidden Characters?	–	–

Quelle: Gutachten Weber, 2023

Grundsätzlich ist bei Autorschaftsprüfungen der Faktor Zeit zu berücksichtigen: Die Vergleichswerke dürfen auch im Lichte der „IT-Forensik" nicht zu weit zeitlich auseinanderliegen, denn Hard- und Softwareänderungen sind in längeren Zeitabständen normal. Hingegen wäre es etwa auffällig, von ein und demselben Verfasser im Jahr 2022 ein *MS Word*-File mit manueller Fußnoten-Zitierweise und im Jahr 2023 im selben Studium ein mit *BibTeX* erstelltes File mit automatischer Literatur- und Überschriftenverwaltung im numerischen Zitierstil zu erhalten (sofern diese Änderung nicht explizit verlangt wurde).

Die „IT-Forensik“ sollte nie isoliert stattfinden, sie ist immer nur der erste Schritt in einem idealerweise dreistufigen Verfahren der Autorschaftsbestimmung.

Ergänzend erfolgt hier noch der Hinweis, dass auch analog-materielle Werke „forensisch“ untersucht werden können: Möglich ist etwa die grobe Altersbestimmung von Papier und Druck eines Werks, ja sogar die Altersbestimmung einer Unterschrift mit Kugelschreiber oder Bleistift.[1]

Ad 2: Stilometrische Checkliste

Während sich die „IT-Forensik“ dem digitalen Kontext eines Werks widmet, ist das Herz einer jeden Autorschaftsprüfung[2] die stilometrische Checkliste, die von Werk zu Werk variieren wird und stets neu angepasst werden muss. So hatte es der Verfasser dieses Lehrbuchs etwa schon einmal mit einem Autor zu tun, der vor jedem Punkt fälschlich ein Leerzeichen machte. (Also so: Dies schrieb der Autor .) Liegt nun ein Dokument des Autors vor, in dem dies nicht der Fall ist, liegt eine Fremdautorschaft nahe – oder freilich auch ein professionelles Lektorat, das in diesem einen Fall hinzugezogen wurde.

Es empfiehlt sich eine Plagiatsprüfung mit der Software *Turnitin* **vor** jedem Einsatz der stilometrischen Checkliste. Warum? Etwaige Plagiate sollten gleich aus der Analyse herausgenommen werden, weil sie die Erkennung stilometrischer Abweichungen erschweren, sofern Texte mit Copy/Paste übernommen wurden. Direkte Zitate können händisch umgangen werden, wobei aber auf Konventionen wie die Markierung von Auslassungen (mit [...] oder (...)?), das Einfügen von Bemerkungen des Autors und Zitierweisen zu achten ist.

1 Siehe etwa das Angebot des Gutachters Bernhard Haas: https://schriftexperte.de/experte

2 Zur Einführung in die Textforensik und Stilometrie siehe FOBBE 2011 und DROMMEL 2016, siehe auch den Forschungsbereich „Autorschaftsverifikation“ am Fraunhofer-Institut für Sichere Informationstechnologie SIT, https://www.sit.fraunhofer.de/de/autorschaft; siehe weiter die Website von Raimund Drommel, https://www.sprachprofiling.com

Die folgende Checkliste ist das Ergebnis langjähriger Gutachterpraxis.

Tab. 4: Stilometrische Checkliste

Stilometrischer Indikator
LAYOUT, SATZ, FORMATIERUNG (z. T. überschneidend mit „IT-Forensik")
1. Layout: Seitenspiegel, Seitenzahlen, etwaige Kopf- und Fußzeilen, Rahmen, Tabellen, Grafiken
2. Overall-Formatierung: Schriftart, -größe, Kursiv- und Fettschriftpraxis, Sperrungen, Kapitälchen, Hoch- und Tiefstellungen, Zeilenabstand, Umbruch, Einzüge
FORMALIA/KONVENTIONEN
3. Deckblatt, Inhaltsverzeichnis, Selbstständigkeitserklärung, Lebenslauf
4. Anhang, Abkürzungs- und Abbildungsverzeichnis
ZITIERWEISE (z. T. überschneidend mit „IT-Forensik")
5. Direktes Zitat: Anführungszeichen, Petitzitat, Fußnotenpraxis; *ebenda, op. cit., cf* usw.
6. Indirektes Zitat: „Vgl."-Einsatz und -Schreibweise, Fußnotenpraxis
7. Literaturverzeichnis: Zitierweise
8. Automatische Literaturverwaltung? Hinweise darauf in Inhalts- und Literaturverzeichnis und bei Zitaten
SPRACHE/RECHTSCHREIBUNG
9. „Gelehrtentermini" (z. B. *proprium nudum*)
10. Fachtermini (z. B. *Kundenrückgewinnungsgespräch, Materiengesetz)*
11. Abweichende (falsche) Schreibweisen (z. B. *aus zu führen)*

12.	Austriazismen (z. B. *weiters*, *allfällig*, *heuer*, *sich ausgehen*, *verklagen*, *Materiengesetz*, *Anrainer*, *Wissenschafter*, *ident*, *Jänner*, *Feber*, *Koreferent* statt *Korreferent*) vs. Germanismen *(des Weiteren, ein Beispiel wäre, ... sagt, ... wäre ... / hätte ... /müsste ...);* Schweizer Spezifika (kein scharfes ß)
13.	Wechsel von Ich- und Wir-Form, auch *meiner Meinung* und *unserer Meinung*
14.	Abkürzungspraxis *(zb* oder *z. B.*, *mE* oder *m. E.*, *Abs.* oder *Absatz)*
15.	Genitiv: s-Genitiv oder es-Genitiv *(Gebiets* oder *Gebietes)*
16.	Alte oder neue Rechtschreibung *(muß* oder *muss*, *selbständig* oder *selbstständig)*
17.	Gegenderte Sprache – und wenn ja: Welcher Konvention?
	SPEZIELL: INTERPUNKTIONSGEWOHNHEITEN
18.	Leerzeichenpraxis (inkl. Datumsschreibweise: *01.01.1990* oder *1. 1. 1990* usw.)
19.	Kommasetzung und Kommasetzungsdefizite
20.	Gedankenstriche und Bindestriche (etwaige Verwechslung)

(Systematik Weber, 2012–2024)

Ad 3: Softwaregestützte Autorschaftsprüfung
Die Software-Analyse ist bei der Autorschaftsprüfung nie eine „Stand-Alone-Lösung“. Sie kann nur einen Verdacht in die eine oder in die andere Richtung zusätzlich plausibilisieren. Der Verfasser dieses Lehrbuchs arbeitet mit einem Prototyp zur Autorschaftserkennung, der 2019 an der TU Wien mit Python entwickelt wurde. Sein Algorithmus setzt sich u.a. aus folgenden stilometrischen Indikatoren zusammen:

- Durchschnittliche Länge eines Wortes nach Zeichen
- Durchschnittliche Anzahl der Wörter pro Satz
- Lexikalische Diversität
- Art der verwendeten Anführungszeichen

Auch Metadaten finden Eingang in die Softwareprüfung.

Vor jeder softwaregestützten Autorschaftsprüfung muss eine Plagiatsprüfung mit *Turnitin* stattgefunden haben. Etwaige Plagiate würden das Ergebnis der maschinellen Autorschaftsprüfung verzerren. Auch alle direkten Zitate sind zu eliminieren, bevor die Software – dann am besten mit bereinigten Nur-Text-Dateien – „gefüttert“ wird. Hier die Komponenten, aus denen sich der Algorithmus zusammensetzt:

Abb. 18: Komponenten des Algorithmus für eine Autorschaftserkennungs-software

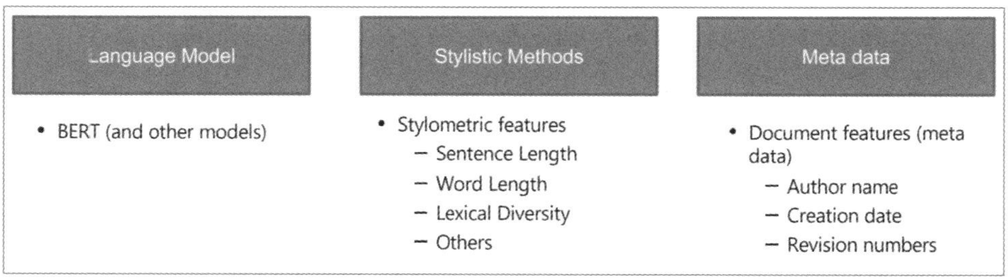

Quelle: Präsentation Adi Krpo, TU Wien, 2020

Als Sprachmodell liegt noch *Googles* BERT zugrunde, heute würde man mit einem aktuellen Large Language Model arbeiten. – Entscheidend ist bei einer solchen quantitativen Erfassung eines Textes, dass nicht nur zeitlich, sondern unbedingt auch sachlich nahe stehende Texte miteinander verglichen werden sollen. Wird etwa die Dissertation eines Autors mit 20 Postings auf X (vormals *Twitter*) desselben Autors verglichen, wird das Ergebnis nicht aussagekräftig sein, da sich die Sprachstile bzw. Diskurse zu stark voneinander unterscheiden.

Idealerweise wird in der softwaregestützten Autorschaftsprüfung ein wissenschaftlicher Text eines Autors mit einem anderen wissenschaftlichen Text eines Autors verglichen, wobei der Zeitabstand von wenigen (Erfahrungswert: bis zu drei) Jahren nicht überschritten werden sollte.

Die Software produziert dann ein Ergebnis, das wie folgt quantitativ und visuell dargestellt werden kann:

Abb. 19: Analyse-Report der Autorschaftserkennungssoftware

Authorship Analysis - Report

The purpose of this report is to provide an insight into and a degree of automation to the usual process of authorship attribution.

The text pre-processing steps include:

1. Removing title, table of contents, list of figures and list of abbreviations
2. Removing all text passages identified as plagiarism or suspicious of plagiarism
3. Removing all tables and figures
4. Removing all direct quotations (put in quotation marks)
5. Removing all conditional separators of words
6. Removing references (at the end of the text)

The result of the analysis is as follows:

Text	Average characters per word	Average words per sentence	Lexical diversity[1]	Usage of "," ";" or ":"
Arbeit 1	6.0	17.0	150.8	0.95%
Arbeit 2	6.2	14.2	138.2	1.10%

The authorship analysis score is as follows:

Text	Arbeit 2
Arbeit 1	0.29

Reference Scores[2] are:

Score	Suggested conclusion
0 to 0.25	Very likely different author
0.25 to 0.5	Likely different author
0.5 to 0.75	Likely same author
0.75 to 1	Very likely same author

Quelle: Gutachten Weber, 2023

In diesem Fall ist das Ergebnis des Vergleichs von „Arbeit 1“ mit „Arbeit 2“ 0,29. Dies bedeutet: *Likely different author.*

Abb. 20: Visualisierung der Autorschaftserkennungssoftware

Visualization[3]**:**

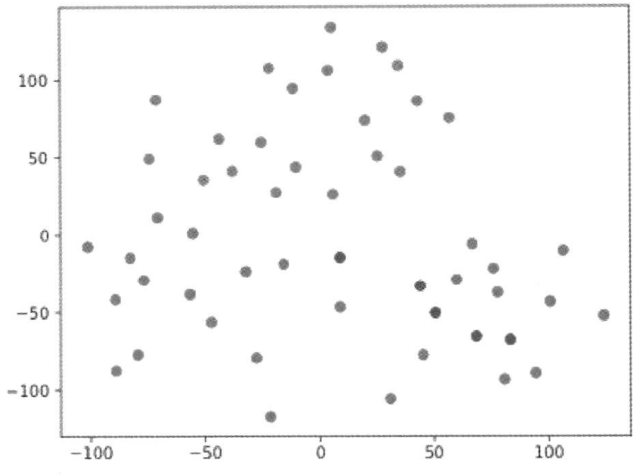

- Each dot indicates approx. 200 words of text
- The dots represent texts: **Arbeit 1** (blue) and **Arbeit 2** (red)
- The proposed separation between texts **Arbeit 1** (blue) and **Arbeit 2** (red) is shown below, indicating two "likely different author(s)"

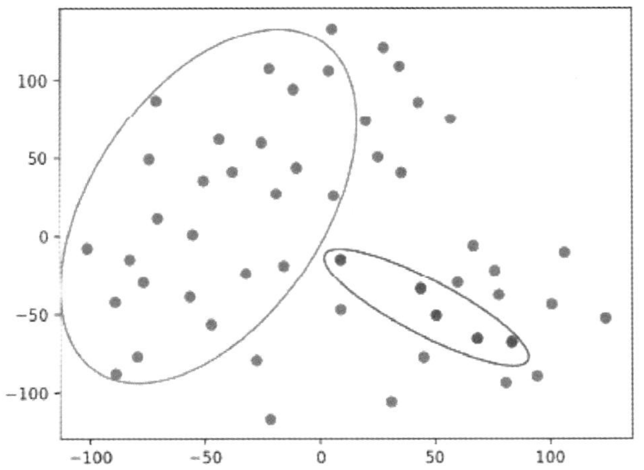

[3] A different algorithm is used for the visualization, may not exactly correspond to scores in table above

Quelle: Gutachten Weber, 2023

Auch die Clusterung in der Visualisierung weist auf zwei verschiedene Autoren hin.

Zusammenfassend ist zu sagen, dass „IT-Forensik", stilometrische Checkliste und softwaregestützte Autorschaftsprüfung stets gemeinsam durchgeführt werden sollen, und zwar in der hier genannten Reihenfolge. Nur so wird man einigermaßen belastbare Ergebnisse erhalten. Wünschenswert wäre die Entwicklung einer eigenen leistungsfähigen Stilometrie-Software auf Basis aktueller Large-Language Modelle.[3]

Ein weiterer einfacher Zugang ist der sogenannte **„Portfolio-Ansatz"**: Hier werden alle Abgaben eines Studierenden in einem digitalen Repository abgespeichert, damit die Lehrkraft die Glaubwürdigkeit eines Fortschritts in Bezug auf Sprache und Inhalte beurteilen kann.

* * *

Das Ghostwriting-Problem umfasst sowohl die vielen kommerziellen Anbieter im Netz[4] als auch die vielfältigen Möglichkeiten des privaten Ghostwriting[5]. Letzteres Phänomen wird auch *„Assignment Outsourcing"* genannt. Eine weitgehend unerforschte Spielart ist *„Collusion"*: Diese fällt streng genommen nicht mehr unter Ghostwriting, sondern unter unethische Autorschaft: „Collusion" (verborgene Zusammenarbeit) bedeutet, dass etwa mehrere Studierende an einem Text arbeiten, der dann aber nicht als Gemeinschaftswerk, sondern jeweils als Einzelwerk pro Studierendem eingereicht wird, womöglich sogar an verschiedenen Universitäten im selben Fach.

Ein zunehmendes Problem dürften auch die diversen *„Ghostcoding"*-Angebote kommerzieller Anbieter sein: Mit *„Ghostcoding"* ist gemeint, dass nicht nur Texte gegen Bezahlung geschrieben werden, sondern auch gleich die empirische Arbeit mit erledigt wird.

3 Siehe etwa den Vorstoß hier: https://www.plagscan.com/de/author-metrics. Das Highlighten der jeweils besten Arbeit innerhalb einer Vergleichsgruppe – im Sinne einer positiven Abweichung vom Goldstandard – ist allerdings problematisch: So können tatsächliche Spitzenleistungen eines Studierenden auch fälschlich unter Ghostwriting-Verdacht gestellt werden. – Fortschritte könnte es etwa durch den Einsatz der Latenten Semantischen Analyse (LSA) und von maschinellem Lernen geben. Im Bereich der LSA gibt es bereits Ansätze einer automatischen Filterung besonders schlechter Texte.

4 Und deren offenbar ausgeprägte Indifferenz gegenüber der (zumindest in Österreich 2021 verschärften) Gesetzeslage mit angedrohten Geldstrafen bis zu 60.000,-- Euro für kommerzielles Ghostwriting, siehe das hier geschilderte Experiment der fingierten Anfragen bei kommerziellen Ghostwriting-Anbietern von Österreich aus: https://plagiatsgutachten.com/blog/akademische-ghostwriter-legen-weiter-angebote-fuer-oesterreich

5 Siehe diesen erschütternden Bericht: https://www.derstandard.at/story/2000124651592/student-ich-sehe-in-den-seminararbeiten-keinen-sinn

Ghostwriter sind nicht nur über kommerzielle Anbieter oder private Kanäle verfügbar, auch über Freelancer-Börsen im Netz kommt man schnell an einen Auftragsschreiber heran. Arbeitet dieser in einem Billiglohnland, ist es möglich, für wenige Hundert Euro eine originäre Seminararbeit auf Englisch zu erhalten[6], die dann nur noch – etwa mit *DeepL* – ins Deutsche übersetzt werden muss. Einen diesbezüglichen „Feldversuch" hat der Verfasser dieses Lehrbuchs 2016 erfolgreich durchgeführt (siehe Abbildung folgende Seite).

Die Grenze zwischen illegitimem Ghostwriting und erlaubtem akademischen „Schreib-Coaching" kann mitunter fließend sein. Es ist immer denkbar, dass Einzelpersonen und Agenturen offiziell nur ein Coaching, eine Begleitung anbieten, aber inoffiziell und gegen Aufpreis mehr erledigen.

Gänzlich unerforscht ist der Einsatz des professionellen Ghostwriting beim Verfassen von Forschungsanträgen im Speziellen für die EU. Neben dem virulenten Bildungsproblem Ghostwriting wird hier immer auch schlagend, dass Kapitalstärke für wissenschaftliches Reüssieren ausschlaggebend ist.

Was kann man neben den hier geschilderten drei Ex-Post-Maßnahmen sonst noch tun, um Ghostwriting zu entdecken?

- Eine effiziente weitere Maßnahme ist die mündliche Plausibilitätsprüfung.
- Auch an eine Reproduktion einer Arbeit in einer Vortragspräsentation, die live im Hörsaal erstellt wird, wäre zu denken.
- Schließlich sollte jeder Verfasser auch in der Lage sein, die Literatur, die er zitiert hat, analog oder digital vorzulegen, nötigenfalls mit weiteren Nachweisen zum Erhalt.

6 Siehe meinen Selbstversuch mit einer in Pakistan bestellten Seminararbeit: https://www.derstandard.at/story/2000046275789/plagiatsjaeger-weber-immer-mehr-schreiben-ihre-arbeiten-nicht-selbst

Abb. 21: Das Werk eines Ghostwriters

20-seitige Seminararbeit, von einem Ghostwriter aus Pakistan über https://www.freelancer.com für 250 Euro innerhalb von 48 Stunden erhalten

Quelle: Foto Weber, 05.10.2016

4. Ungekennzeichneter Einsatz von KI

Generative KI ist kein Teufelszeug, sondern das Gegenteil: ein überaus sinnvoller Werkzeugkasten mit revolutionären Möglichkeiten (vgl. WEBER 2019 und zuletzt BUCHER/HOLZWEISSIG/SCHWARZER 2023). Unerlaubt soll also nicht die Nutzung von generativer KI sein, sondern die *ungekennzeichnete* Nutzung von generativer KI, die damit zum unerlaubten (akademischen) Hilfsmittel wird.

Die massenmedial oft geführte Diskussion darüber, ob Werkzeuge wie *ChatGPT* an Schulen und Hochschulen verboten werden sollen, läuft damit ins Leere. Ein Verbot der Anwendung würde ja nur erst recht dazu führen, dass etwa durch die geschickte Kombination mehrerer Werkzeuge (wie z. B. generative KI, Paraphrasier-KI und Übersetzungs-KI zusammen) deren Nutzung gar nicht mehr nachgewiesen werden könnte.

Derzeit ist zwischen drei Kategorien von KI-Werkzeugen in Bezug auf die Textproduktion zu unterscheiden (automatisch generierte Bilder und Bewegtbilder sind in diesem Buch kein Thema):

1. **Automatische Übersetzung** (siehe etwa *DeepL* und *Google Translate)*
2. **Automatische Paraphrasierung** (automatisches Umschreiben durch Synonymersetzungen und Umstellungen von Wortketten) (siehe etwa *QuillBot)*
3. **Automatisches Generieren neuer Inhalte** (siehe etwa *ChatGPT),* dies inkludiert auch die automatische Zusammenfassung längerer Inhalte

Zwei Beispiele:

1. Das Paraphrasier-Tool *QuillBot* beim erstaunlich perfekten Paraphrasieren (Umschreiben) eines deutschen Ausgangstextes, sodass sehr wahrscheinlich die Erkennungsparameter herkömmlicher Plagiatssoftware erfolgreich umgangen werden können:

Abb. 22: Paraphrase mit *QuillBot*

Ein Grundkonsens zum wissenschaftlichen Zitieren („Zitiergebot" und „Plagiatsverbot") ist seit ca. 1960 in der heute bekannten Form in den meisten Wissenschaftsdisziplinen nachweisbar. Kontroversen über Plagiate und Fälschungen in der Wissenschaft sind freilich viel älter. Das Zitiergebot und das Plagiatsverbot etwa gab es somit bereits lange, bevor von „guter wissenschaftlicher Praxis" die Rede war. Obwohl es bis 1997/98 in der Wissenschaft noch keine Richtlinien guter wissenschaftlicher Praxis gab, waren die „Don'ts" in den Lehrbüchern also bereits angeführt.	Seit etwa 1960 gibt es in den meisten wissenschaftlichen Disziplinen einen grundlegenden Konsens zum wissenschaftlichen Zitieren („Zitiergebot" und „Plagiatsverbot"). Die Debatte über Plagiate und wissenschaftliche Fälschungen ist ohnehin schon viel älter. So existierten beispielsweise das Zitiergebot und das Plagiatsverbot schon lange vor der Diskussion über „gute wissenschaftliche Praxis". Die „Don'ts" wurden in den Lehrbüchern bereits genannt, obwohl es bis 1997/98 in der Wissenschaft noch keine Richtlinien für eine gute wissenschaftliche Praxis gab.

Quelle: https://quillbot.com, 13.03.2024

2. *ChatGPT* übernimmt ebenso souverän die Aufgabe einer Einleitung eines originär neu geschriebenen wissenschaftlichen Textes:

Abb. 23: Prompt und Antwort von *ChatGPT* zu Jean Baudrillard

You
Bitte verfasse eine ganz kurze wissenschaftliche (!) Einleitung zu BaudrillardsSimulationstheorie.

ChatGPT
Die Simulationstheorie von Jean Baudrillard, einem französischen Soziologen und Philosophen des 20. Jahrhunderts, stellt eine bedeutende Perspektive in der postmodernen Philosophie dar. Baudrillard argumentiert, dass moderne Gesellschaften von Simulationen durchdrungen sind, die die Realität nachahmen oder sogar ersetzen. Diese Simulationen, ob in Form von Medienbilder, Konsumgütern oder politischen Diskursen, erzeugen laut Baudrillard eine "Hyperrealität", in der die Grenzen zwischen Realität und Fiktion verschwimmen. Diese Einleitung bietet einen knappen Einblick in Baudrillards komplexe Theorie, die bis heute breite Diskussionen in den Bereichen Philosophie, Soziologie und Kulturwissenschaften auslöst.

Quelle: https://chat.openai.com, 13.03.2024

(Da die so generierten Texte auf Wahrscheinlichkeitsberechnungen im Rahmen von Large Language Models beruhen, ist eine Plagiatsprüfung überflüssig.)

Beim Einsatz für wissenschaftliches Arbeiten müssen in allen drei Werkzeugkategorien zwei Grundregeln gelten:

1. **„Tool-Transparenz“**: Lückenlose Ausweisung des Einsatzes des jeweils verwendeten Werkzeugs – mit genauer Angabe, auf welche Textsegmente sich der jeweilige Einsatz bezieht
2. **„Content-Kritik“**: Konsequente Fakten- und Plausibilitätsprüfung jeder generierten Information

Das, was bislang „Quellentransparenz“ hieß, nenne ich für die neuen KI-Verhältnisse „Tool-Transparenz“. Das, was bislang „Quellenkritik“ hieß, wird unter KI-Konditionen zur „Content-Kritik“.

Ad 1: „Tool-Transparenz“

Werden automatisch generierte Inhalte wortwörtlich übernommen, sind diese wie *direkte Zitate* zu behandeln, das heißt unter doppelte Anführungszeichen zu setzen oder sonst wie optisch hervorzuheben (etwa durch Einrückungen, Einrahmungen, andere Schriftgröße und/oder anderer Schrifttyp).

Werden automatisch generierte Inhalte manuell weiterbearbeitet/verändert, sind diese wie *indirekte Zitate* zu behandeln, wobei anstelle des „(Vgl. xxx)-Zitats“ ein Hinweis auf die Veränderung erfolgen soll, wie etwa „(Text generiert von *ChatGPT*, inhaltlich geringfügig erweitert vom Verfasser)“.

Ebenso ist die Verwendung von Paraphrasier- und Übersetzungstools anzugeben. Jedenfalls müssen Anfang und Ende des automatisch Bearbeiteten für den Leser stets klar ausgewiesen werden. (Man wird bei der Übersetzung mit *DeepL* keine öffnenden und schließenden Anführungszeichen setzen, aber eben deshalb müssen Anfang und Ende klar ausgewiesen werden.)

Zur Erkennung von Verstößen gegen diese einfachen Transparenzregeln gibt es derzeit (Stand: April 2024) noch keine validen Software-Lösungen. *Turnitin* etwa stellt – derzeit nur auf Englisch – einen Prototyp zur Verfügung, der – um es bewusst so in zweiter Ordnung auszudrücken – die Wahrscheinlichkeit des Vorliegens eines mit Wahrscheinlichkeitsrechnung entstandenen Textes mit einem Score von 0,0 bis 1,0 versieht:

Abb. 24: Methode der Erkennung des ungekennzeichneten Einsatzes von KI durch *Turnitin*

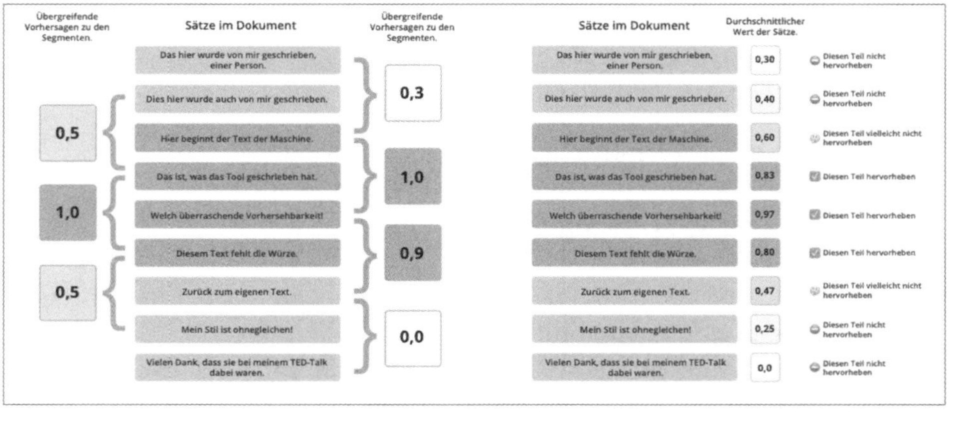

Quelle: *Turnitin*, Webinar, https://www.uibk.ac.at/de/newsroom/2023/erste-plagiatssoftware-launcht-ki-erkennung, 21.06.2023

Damit kann *Turnitin* zufolge KI-generierter Text bereits respektabel erkannt werden:

Abb. 25: Beispiel für eine Erkennung des ungekennzeichneten Einsatzes von KI durch *Turnitin*

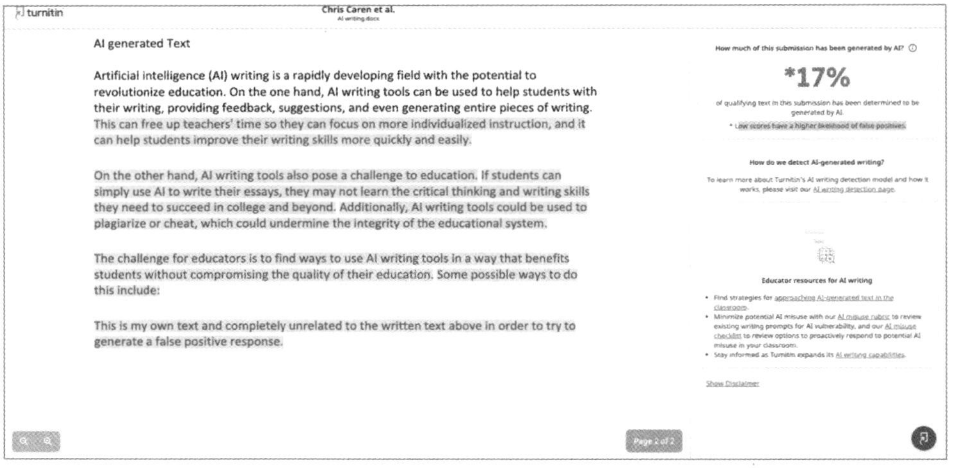

Quelle: *Turnitin*, Webinar, https://www.uibk.ac.at/de/newsroom/2023/erste-plagiatssoftware-launcht-ki-erkennung, 21.06.2023

Da es sich hierbei und bei ähnlichen Angeboten derzeit noch um Betaversionen bzw. Prototypen handelt, wird man die KI-Erkennung allenfalls als Ergänzung zur manuellen Detektion sehen müssen. Nach welchen Kriterien lässt sich derzeit manuell bestimmen, ob ein Text von einer nicht gekennzeichneten KI-Anwendung verfasst wurde? Hinweise (keine Beweise!) können sein:

- Oberflächlichkeit des Textes, wenig Tiefgang
- Rein deskriptive Ausführung, keine Wertungen
- Keine Ich- oder Wir-Form, auffällig entpersönlichter Stil
- Keine Wortspiele, keine Ironie, kein Humor
- Mangelnde Aktualität
- Relative Unangreifbarkeit der Ausführung (bis auf KI-Halluzinationen, siehe hier den untersten Punkt)
- „Allerweltsformulierungen" wie etwa „Es gibt zahlreiche Autoren, die sich mit dem Thema NN beschäftigt haben.", dabei auch Redundanzen
- Standardisiert klingende „Closer" am Ende eines Absatzes bzw. einer Ausführung wie etwa „Es wird noch zahlreiche Forschungsanstrengungen benötigen, bis ...", dabei auch Redundanzen
- Formale Perfektion: Keine Rechtschreib- und Grammatikfehler

- Keine landessprachlich spezifischen Merkmale (also die Verwendung von „weiter“ oder „des Weiteren“ statt des Austriazismus „weiters“; „eventuell“ statt „allfällig“, „in diesem Jahr“ statt des österreichischen „heuer“ usw.)
- Keine wissenschaftlichen Zitierungen (keine Referenzen), keine direkten Zitate unter doppelten Anführungszeichen
- Erfundene Fakten („KI-Halluzinationen“), von erfundenen Buchtiteln bis zu erfundenen Institutionen

Quelle: Für eine Erstfassung dieser Liste siehe https://plagiatsgutachten.com/blog/chatgpt-texte-erkennen; hier wesentlich erweitert

Ad 2: „Content-Kritik“
Sehen wir uns folgendes Beispiel mit „Prompt“ (also der Frage des Benutzers) an, gestellt an *ChatGPT* am 13.03.2024:

Abb. 26: Prompt und Antwort von *ChatGPT* zu Josef Mitterer

You
Wer ist Josef Mitterer?

ChatGPT
Josef Mitterer ist ein österreichischer Philosoph, der bekannt ist für seine Arbeit im Bereich der Philosophie der Sprache und des Denkens. Er wurde 1948 geboren und studierte Philosophie an der Universität Wien. Mitterer hat einen einzigartigen Ansatz zur Sprachphilosophie entwickelt, der als "non-dualer" oder "kritischer" Ansatz bekannt ist.

Sein Hauptwerk ist das Buch "Die Flucht aus der Beliebigkeit" (The Flight from Ambiguity), in dem er eine radikale Kritik an der Vorstellung von festen Bedeutungen in der Sprache formuliert. Er argumentiert, dass Sprache und Bedeutung keine fixen Beziehungen haben, sondern dass Bedeutung ständig im Kontext und in Bezug auf andere Bedeutungen verhandelt wird.

Quelle: https://chat.openai.com, 13.03.2024

In dieser kurzen Antwort von *ChatGPT* finden sich gleich sechs Falschangaben:

1. Josef Mitterer hat keine Arbeiten zur Philosophie „des Denkens“ veröffentlicht.
2. Josef Mitterer hat nicht an der Universität Wien studiert, sondern an den Universitäten Graz, Linz und Innsbruck (mit Promotion im Jahr 1978 an der Universität Graz).

3. Josef Mitterers Ansatz ist nicht als „kritischer“ Ansatz der Sprachphilosophie bekannt geworden.
4. Mitterers Hauptwerk ist nicht „Die Flucht aus der Beliebigkeit“, sondern „Das Jenseits der Philosophie“.
5. Die englische Übersetzung des Buchs lautet nicht „The Flight from Ambiguity“, sondern „The Flight from Arbitrariness“.
6. Dass Sprache und Bedeutung keine fixen Beziehungen haben und Bedeutung in Bezug auf andere Bedeutungen ständig verhandelt wird, wäre eine Position, die wohl Wittgenstein II und seinen „Philosophischen Untersuchungen“ nahekommen würde, aber keinesfalls Mitterer.

An diesem Beispiel kann gezeigt werden, dass Antworten von *ChatGPT* zum Zwecke der Faktenvermittlung völlig ungeeignet sind. Zum derzeitigen Stand kann man *ChatGPT* im wissenschaftlichen Kontext also fast ausnahmslos nur zitieren, um sein Nicht-Funktionieren aufzuzeigen. Die Zitate aus *ChatGPT* werden gleichsam zur Metasprache, die zum Gegenstand der Analyse wird. Ein ähnliches Vorgehen empfehle ich auch bei Zitaten aus der Online-Enzyklopädie *Wikipedia;* aber hier ist es die menschliche „Schwarmintelligenz“, die für Verzerrungen (bias) gesorgt hat.

Mit der sukzessiven Ersetzung der frühen zunächst templatebasierten Ansätzen der automatischen Textgenerierung (vgl. noch den in WEBER 2019 geschilderten Stand) durch rein wahrscheinlichkeitsrechnungsbasierte Large Language Models werden die Fehlerquote und die „KI-Halluzinationen“ in den nächsten Jahren wahrscheinlich immer mehr abnehmen. Damit werden automatische Massenlösungen zur Erkennung ungekennzeichneter KI-generierter Inhalte vor neuen Herausforderungen stehen. Ein „digitales Wettrüsten“ zwischen KI-Generierungswerkzeugen und KI-Generierungs-*Erkennungs*werkzeugen ist möglich. Eine langfristige technische Option zur Lösung des Problems ungekennzeichneter KI-generierter Inhalte wäre ein „digitales Wasserzeichen“, das auf KI-Generierung hinweisen würde und untrennbar mit KI-generierten Inhalten „mittransportiert“ werden würde.

Zu beachten ist: Schon jetzt würde etwa die iterative Anwendung eines Paraphrasiertools wie *QuillBot* (mit der Möglichkeit immer neuer Paraphrasierungen) und eines Übersetzungstools wie *DeepL* (eventuell mit Mehrfachübersetzungen bis zur gewünschten Endsprache) dazu führen, dass wahrscheinlich keine Plagiatssoftware der Welt ein auf derartige Weise massiv künstlich umgearbeitetes Plagiat erkennen könnte. Hier gilt dann das Vertrauen als Währung zwischen Studierendem und Lehrendem, da eine technische Rekonstruktion und Kontrolle zum derzeitigen Stand unmöglich sind.

Aufgrund der schnellen Diffusion von KI-Anwendungen im Studium haben sich erste Universitäten entschieden, Bachelorarbeiten ganz abzuschaffen.[1] Es wird auch eine Orientierung weg von reinen Literaturarbeiten und hin zu eher problem- bzw. projektorientierten, modular entstandenen schriftlichen Arbeiten als Zukunftsoption gesehen.[2] Einige Kommentatoren sehen die Lösung gar in einer Rückkehr des Analogen: in einer Renaissance mündlicher Prüfungen und mitunter sogar handschriftlich verfasster Klausuren.[3]

1 https://www.faz.net/aktuell/karriere-hochschule/hoersaal/ki-und-plagiate-erste-uni-schafft-bachelorarbeiten-ab-19353621.html

2 https://wien.orf.at/stories/3248909

3 So Debora Weber-Wulff in einem Interview mit der „Zeit", https://www.zeit.de/digital/2024-03/plagiate-doktorarbeit-wissenschaft-politik

5. Anhang und Materialien

5.1 Eine ganz kurze Geschichte wissenschaftlicher Redlichkeit und Belegkultur

1. Anführungszeichen, Fußnoten & Co.: Zur Entstehung der wissenschaftlichen Zitierregeln

Es ist noch kaum erforscht, woher die wissenschaftlichen Zitierregeln eigentlich kommen. Und damit sind zunächst heutige kleinste gemeinsame Nenner gemeint, wie etwa:

- **Wörtliche Zitate werden in doppelte Anführungszeichen gesetzt. Oder:**
- **Sinngemäße Zitate müssen an Ort und Stelle mit einer Quellenangabe versehen sein.**

Allerdings ist darauf hinzuweisen, dass die Unterscheidung zwischen diesen beiden Formen des Zitats in gewissen naturwissenschaftlichen Disziplinen nicht getroffen wird, wie z. B. in der Mathematik.

Meine ersten beiden Hypothesen zur Herkunft der Zitiernormen lauten:

1. Anführungszeichen wurden in der Wissenschaft zur Kennzeichnung des Wortlauts eines anderen zumindest schon kurz nach der Entstehung des Buchdrucks verwendet. Und bereits vorher kennzeichnete man die direkte Rede des anderen mit Diples (Doppelhaken), dies interessanterweise meist am Anfang jeder neuen Zeile. Einige Quellen behaupten, dass diese Praxis im Mittelalter noch eher salopp gehandhabt wurde. Laut Wikipedia lässt sie sich aber bis ins 2. Jahrhundert nach Christus zurückverfolgen.

2. Aus der jahrhundertelang sich zunehmend verfestigenden Praxis wurde irgendwann eine Regel. Und diese Regel war zunächst eine **Deutsch-Regel**, genauer: eine **Interpunktionsregel (Satzzeichenregel)**, und so klarerweise gültig für alle Textsorten. Die bislang älteste mir bekannte Ausformulierung einer Regel zur Verwendung des Anführungszeichens *(„signum citationis")* findet sich hier:

Abb. 27: Regel für „signum citationis“ bei Freyer

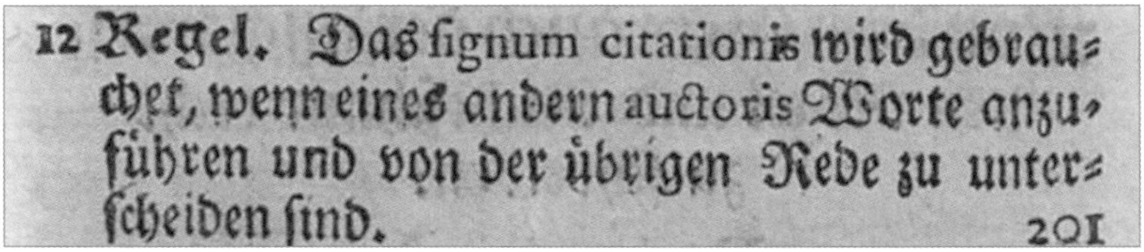

12 Regel. Das ſignum citationis wird gebrau-
chet, wenn eines andern auctoris Worte anzu-
führen und von der übrigen Rede zu unter-
ſcheiden ſind. 201

Quelle: Hieronymus Freyer (1728): Anweisung zur Teutschen Orthographie, Kapitel „Von den Unterscheidungszeichen“, 12. Regel, S. 201

In der zweiten Hälfte des 18. Jahrhunderts kam die „Hodegetik“ auf (Namensgebung im Werk „*Vorschlag zu einer neuen Profession ‚Hodegetica‘*“ von Schade, 1753), der Vorläufer der heutigen Regeln „guter wissenschaftlicher Praxis“ (GWP). Die Hodegetik, verstanden als Wegweiser in die Wissenschaft für die neuen Studierenden, beschäftigte sich mit dem Zitieren, soweit ich es derzeit überblicke, noch nicht. Allerdings gab es die Unterscheidung zwischen eigenem und fremdem geistigen Eigentum bereits, die Gundling 1726 eingeführt hatte. Hier wieder das älteste Beispiel, das ich bislang gefunden habe:

Abb. 28: Eine der „Behutsamkeits-Regeln“ bei Koch

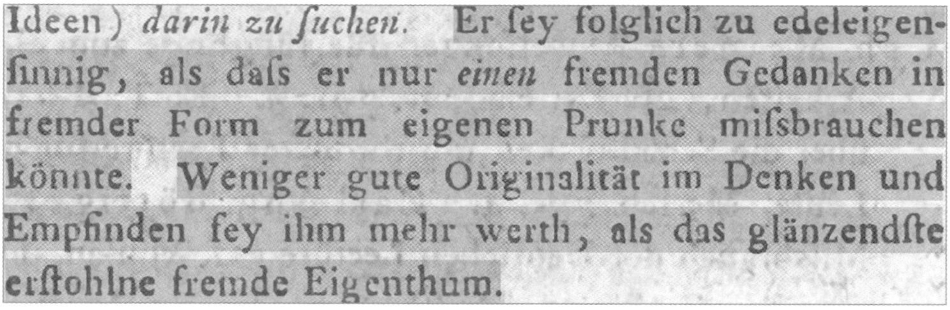

Ideen) *darin zu ſuchen.* Er ſey folglich zu edeleigen-
ſinnig, als daſs er nur *einen* fremden Gedanken in
fremder Form zum eigenen Prunke miſsbrauchen
könnte. Weniger gute Originalität im Denken und
Empfinden ſey ihm mehr werth, als das glänzendſte
erſtohlne fremde Eigenthum.

Quelle: Erduin Julius Koch (1792): Hodegetik für das Universitaets-Studium an allen Facultäten, S. 119

Man kann diese Passage als eine frühe Form der heute allgemein anerkannten Regel lesen, dass wirklich **jeder** aus der Literatur entnommene Gedanke als solcher belegt werden muss *(„als daß er nur* ***einen*** *fremden Gedanken in fremder Form zum eigenen Prunke mißbrauchen könnte“).*

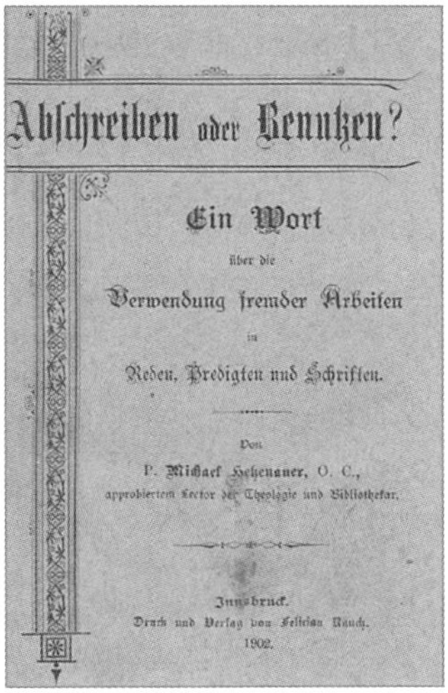

Die älteste Ausbuchstabierung der wissenschaftlichen Zitierregeln fand ich bei einem Pater, Theologie-Lektor und Bibliothekar der Universität Innsbruck, bei Michael Hetzenauer in seinem kleinen Buch „*Abschreiben oder Benutzen?*“, Innsbruck, Rauch-Verlag, **1902**. Das Buch ist völlig unbekannt. Österreichweit gibt es etwa nur noch zwei Bibliotheksexemplare.

Abb. 29: Buchcover „Abschreiben oder Benutzen?“ von Hetzenauer

Quelle: Michael Hetzenauer (1902): Abschreiben oder Benutzen?

Auf Seite 15 findet sich die Soll-Bestimmung zur Verwendung von Anführungszeichen beim wörtlichen Zitieren:

Abb. 30: Regel für Anführungszeichen bei Hetzenauer

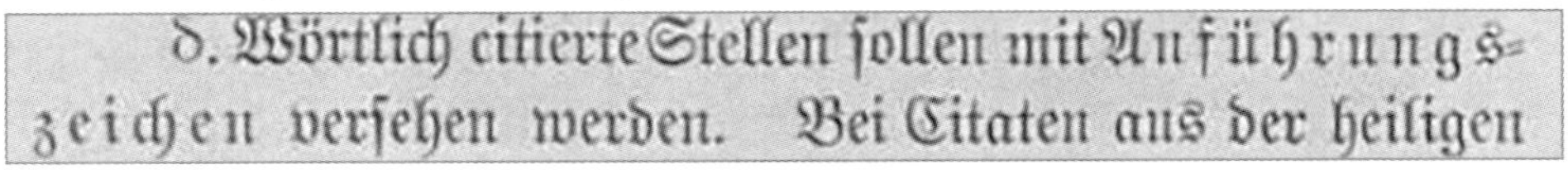

d. Wörtlich citierte Stellen sollen mit Anführungs-
zeichen versehen werden. Bei Citaten aus der heiligen

Quelle: Michael Hetzenauer (1902): Abschreiben oder Benutzen?, S. 15

Auf Seite 6 findet sich die Unterscheidung zwischen direktem und sinngemäßem Zitat:

Abb. 31: Unterscheidung von wörtlichem und sinngetreuem Zitat bei Hetzenauer

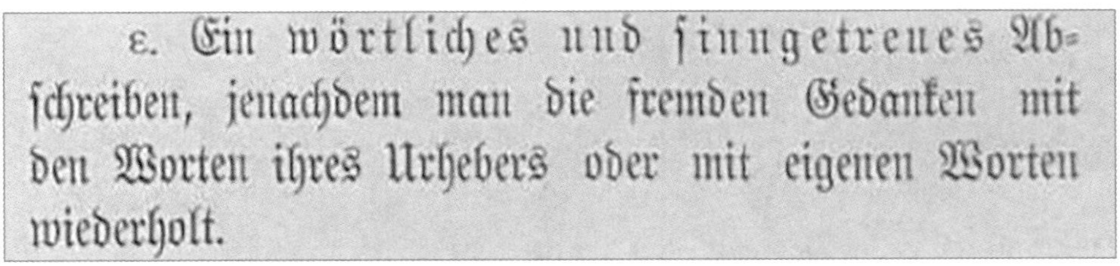

e. Ein wörtliches und sinngetreues Ab-
schreiben, jenachdem man die fremden Gedanken mit
den Worten ihres Urhebers oder mit eigenen Worten
wiederholt.

Quelle: Michael Hetzenauer (1902): Abschreiben oder Benutzen?, S. 6

Ältere Quellen habe ich bislang nicht gefunden. Für mein kommendes Buchprojekt danke ich für weitere Hinweise.

Vorläufig lauten daher meine Hypothesen 3 und 4:

3. Die Norm zur Setzung von Anführungszeichen bei direkten Zitaten wurde in der Wissenschaft erst zu Beginn des 20. Jahrhunderts ausbuchstabiert. Sie findet sich dann aber seit den 1930er-, spätestens seit den 1950er-Jahren in allen Standardwerken zum wissenschaftlichen Arbeiten, wie etwa in jenem von Ewald Standop (**„Die Form der wissenschaftlichen Arbeit“**), siehe auch in Kapitel 1 dieses Buchs.

4. Die Kennzeichnung von sinngemäßen Zitaten mit „(Vgl.)“ dürfte sich in den Sozialwissenschaften erst in den 1950er- oder 1960er-Jahren entwickelt haben. Siehe dazu näher Abschnitt 3 in diesem Anhang.

2. Leopold Fonck, Universität Innsbruck, als der Vater der modernen wissenschaftlichen Arbeitstechniken

Man nennt das, glaube ich, Ironie der Geschichte: Vieles spricht dafür, dass die modernen Regeln wissenschaftlichen Arbeitens vor knapp 120 Jahren an der Universität Innsbruck erstmals kompakt verschriftlicht wurden – und damit ausgerechnet an jener Universität, die sich in den vergangenen 20 Jahren durch eine besondere Untätigkeit in Sachen Titelaberkennung bei schwerwiegenden Plagiaten ausgezeichnet hat, in der aber darüber hinaus das Thema Zitieren auch so oft mit Füßen getreten wird.

Abb. 32: Porträtfoto Leopold Fonck

Leopold Fonck, 1865–1930, von 1901 bis 1907 Professor für Theologie an der Universität Innsbruck, Aufnahme vom Dezember 1907.

Quelle: https://www.altpostgeschichte.de/core/index.php?attachment/44702-speyer-innsbruck-jerusalem-1907-03-12-leopold-fonck-jpg/&thumbnail=1

Der Vater unserer heute weit verbreiteten Arbeitsmethoden im Umgang mit wissenschaftlichen Informationen dürfte der sechs Jahre in Innsbruck lehrende Theologe Leopold Fonck sein. Auf ein Standardwerk von ihm (erschienen in drei Auflagen 1908, 1916 und 1926) folgten ab den 1930er-Jahren immer mehr Lehrbücher zum wissenschaftlichen Arbeiten, von Standop bis Theisen.

Aus den ansonsten ausnahmslos theologischen Publikationen Foncks ragt dieses Werk heraus: *„Wissenschaftliches Arbeiten. Beiträge zur Methodik des akademischen Studiums"*, erschienen in einem Umfang von 340 Seiten im Jahr 1908 ebenfalls im Verlag Felizian Rauch, Innsbruck, wie der schmale Band von Hetzenauer.

Deshalb halte ich diesen Fund für eine kleine Sensation, steht doch die Universität Innsbruck heute mit der guten wissenschaftlichen Praxis eher auf Kriegsfuß. Ich habe bislang kein Buch vor Foncks Werk gefunden, das sich *ausnahmslos* den wissenschaftlichen Arbeitstechniken widmet, vom Präsentieren über das Exzerpieren bis zum Zitieren – und das, wie Fonck gleich im Vorwort (S. VIII f.) selbstbewusst erklärt, über die Theologie hinaus, **gültig für alle Fächer** der *„positiven Geisteswissenschaften"* (S. IX). Zwar gibt es vereinzelt Darstellungen auch aus der Zeit um ca. 1900, aber in älteren Lehrbüchern wurde das nie so systematisiert dargestellt wie bei Fonck.

Das Buch ist von vorne bis hinten eine Fundgrube für jeden an guter wissenschaftlicher Praxis (GWP) Interessierten. Zunächst nur ein spannendes Detail: In der Erstauflage Fonck 1908 fanden sich noch keine Regeln zum Setzen von Anführungszeichen bei wörtlichen Zitaten. Diese Regel, die Regel Nr. 8, wurde erst in die Zweitauflage 1916 (!) eingefügt. Damals lehrte Fonck bereits in Rom, er war zu Höherem berufen:

> 8. Zur Kennzeichnung der wörtlichen Zitate genügen in der Regel die Anführungszeichen zu Anfang und zu Ende der zitierten Worte; will man das Zitat noch deutlicher von dem übrigen Text unterscheiden, so kann man die Anführungszeichen zu Beginn jeder Zeile des Zitates wiederholen. Eine andere Hervorhebung der zitierten Worte zB. durch Sperrdruck, wie es im Wiener Corpus scriptorum ecclesiasticorum latinorum geschieht, oder durch Kursiv- oder Petitdruck erscheint, von besonderen Fällen abgesehen, überflüssig und führt auch zu manchen Unzuträglichkeiten.
>
> Zitate, die innerhalb eines anderen Zitates vorkommen, müssen durch eine andere Art von Anführungszeichen gekennzeichnet werden.

Abb. 33: Regel für Anführungszeichen bei Fonck

Quelle: Leopold Fonck (1916[2]): Wissenschaftliches Arbeiten, S. 270

Ich glaube nicht, dass Fonck die Anführungszeichen-Norm in der Erstauflage vergessen hat. Vielmehr dürfte die Praxis des Anführens mit den „Gänsefüßchen" so selbstverständlich gewesen sein, dass sie vielleicht in seinen Augen zunächst gar keiner Erwähnung bedurfte. **Womöglich hat Fonck damit die Anführungszeichen-Norm im Jahr 1916 erfunden! Die Praxis ist freilich Jahrhunderte älter.**

Besonderes Augenmerk widmete Fonck auch den Themen Ehrlichkeit beim Zitieren, Plagiatsvermeidung und dem „Ad fontes"-Prinzip:

> 266 Die Zitate
>
> 3. Mit der ersten Regel verwandt ist die Weisung, den zu zitierenden Text auch bei einer Quelle, die man selbst einsieht, genau hinsichtlich seines Ursprunges zu prüfen. Man setzt sich sonst der Gefahr aus, ein Plagiat oder ein stillschweigendes Zitat unter fremder Flagge weiterzuführen. Besonders notwendig ist dies bei älteren Schriftstellern, zu deren Zeit der Begriff des literarischen Eigentums noch nicht so ausgebildet war, oder doch noch nicht so streng beachtet wurde. Leider zeigen die nicht seltenen Fälle von „heimlicher Beraubung", wie *Paulsen* es genannt hat, daß wir auf literarischem Gebiete noch längst nicht zu idealen Zuständen gelangt sind.
>
> 4. Es könnte fast überflüssig erscheinen, die Ehrlichkeit beim Zitieren besonders zu betonen. Leider beweist die Praxis nur zu häufig das Gegenteil, und die Bemerkung mehrerer Kritiker, die diesen Punkt in der ersten Auflage ungern vermißten, wird deshalb nicht unberechtigt erscheinen.
>
> Einer derselben bemerkt darüber: „Namentlich im Zitieren kommen so überaus viele Unreinlichkeiten vor, daß man eine bessere Erziehung der nächsten wissenschaftlichen Generation in solchen Dingen geradezu als eines der dringendsten Erfordernisse betrachten kann. Da wird, auch wo es sich nicht um Diebstahl handelt, mit einer oft unglaublichen Gemütlichkeit oder Ungemütlichkeit fremdes geistiges Eigentum als ein eigenes vorgeführt, oder es wird ganz unklar gelassen, auf welchen Autor das zurückgeht, was wir zu lesen bekommen" (*H. Schmidkunz* in: Zts. f. Philos. u. Pädag. 15 [1908] 506). Vgl. auch *O. Kataun* in: Reichspost 15 (1908, 6. April) n. 96.

Abb. 34: Frühe Normen „guter wissenschaftlicher Praxis" bei Fonck

Quelle: Leopold Fonck (1916[2]): Wissenschaftliches Arbeiten, S. 266

Fonck zitiert hier Hans Schmidkunz, der sich über die mangelnde Zitierkompetenzen der damaligen akademischen Generation beschwert. Wie sich die Geschichte nur wiederholt!

3. Zur Entstehung des sinngemäßen Zitierens mit „Vgl."

Ebenso interessant wie die Entstehung der Anführungszeichen-Norm ist die noch ungeschriebene Kulturgeschichte des „Vgl." in den Geistes- und Sozialwissenschaften.[1]

Nun also zum „Vgl.", dem „Vergleiche". Wir alle haben an der Universität gelernt, dass wir damit immer dann Quellen belegen müssen, wenn wir nicht wörtlich, sondern sinngemäß (also in eigenen Worten) zitieren. Aber woher kommt diese Praxis, was ist ihr Ursprung? Meine ersten Ergebnisse lauten: Die „Vgl."-Norm ist womöglich viel jünger, als es viele annehmen würden. Tatsächlich fand ich den bislang ältesten Nachweis der Norm in einem Lehrbuch aus dem Jahr **1976**.

1 Der Verrat am Vgl., der in der amerikanischen Plagiatsforschung mittlerweile „Sham Paraphrasing" heißt, interessierte mich schon 2006, siehe: https://www.telepolis.de/features/Wissenschaft-als-Web-Sampling-3409287.html

Eine Rückblende. Obwohl Michael Hetzenauer schon 1902 von „wörtlichem“ und „sinngetreuem“ Zitieren sprach und sich Foncks Anführungszeichen-Norm von 1916 expressis verbis auf „wörtliche Zitate“ bezog, fand ich in der Methodenliteratur bis in die 1970er-Jahre herauf nirgends eine strenge (dichotomische) Unterscheidung zwischen wörtlichen und sinngemäßen Zitaten:

- Johannes Erich Heyde (*„Technik des wissenschaftlichen Arbeitens“*, 4. Auflage, **1933**) kennt *„wörtliche Anführungen“* (S. 94), unterscheidet aber nicht zwischen diesen und sinngemäßen Zitaten.
- Horst Kunze (*„Wissenschaftliches Arbeiten. Eine Einführung*“, 2. Auflage, **1959**) setzt im Abschnitt *„C. Zitate“* ebenso wie Heyde Zitate mit wörtlichen Zitaten gleich und normiert wie Fonck 1916: *„Jedes Zitat ist in doppelte Anführungsstriche zu setzen.“* (S. 27)
- Auch Ewald Standop kennt in seinem Klassiker *„Die Form des wissenschaftlichen Manuskripts“*, 2. Auflage, **1959**) nur wörtliche Zitate. Im Kapitel II, „Das Zitat“ (S. 19 ff.) und erst recht im Unterabschnitt *„Die Form des Zitats“* (S. 22 ff.) wird unter Zitat nur das wörtliche Zitat verstanden. – Allerdings kommt das sinngemäße Zitat (noch nicht so genannt!) über die Hintertür herein, wenn Standop schreibt:

  „Werden längere Passagen einer Quelle inhaltlich übernommen oder paraphrasiert [...], so kann man in der Fußnote etwa sagen: ‚Das folgende nach ...‘ [...] Auf keinen Fall kann auf die Quellenangabe verzichtet werden.“ (Standop 1959^{2}, S. 26)

- Das „Vgl.“ empfiehlt auch Standop noch nicht. Die Geburt der „Vgl.“-Norm für das sinngemäße Zitieren dürfte bei Gundolf Seidenspinner zu finden sein (*„Wissenschaftliches Arbeiten. Techniken, Methoden, Hilfsmittel*“, 7. Auflage, **1976**). Seidenspinner bemerkt:

  „Sofern man von einem Autor nur Gedanken übernimmt oder sich an dessen Ausführungen anlehnt, liegt nur ein sinngemäßes oder *indirektes* Zitat vor. Der Umfang einer solchen sinngemäßen Übernahme muß eindeutig erkennbar sein. Am Ende einer solchen übernommenen Passage wird eine Fußnote angebracht [...]. Eine solche Fußnote leitet man ein mit: *„Vgl.“* (= Vergleiche) [...].“ (Seidenspinner 1976, S. 61)

Zuvor wurde das „Vgl." in der wissenschaftlichen Literatur vor allem dafür verwendet, um *innerhalb ein und desselben Werks* auf andere Seitenzahlen im Werk zu verweisen: „Vgl." war ein interner und kein externer Marker. Erst mit Seidenspinner dürfte es zur Quellenangabe bei sinngemäßen Zitaten „befördert" worden sein. Und noch später dürfte das „Vgl." mit der Harvard-Zitierweise in die Fließtexte hinaufgewandert sein.

- Seinen endgültigen Lehrbuch-Siegeszug hat das „Vgl." dann mit Manuel Theisens Klassiker *„Wissenschaftliches Arbeiten"* angetreten. Schon in der ersten Auflage **1984** ist bei Theisen auf S. 130 zu lesen:

Abb. 35: Regel für die Verwendung des „Vgl." bei Theisen

> β. *Indirektes Zitat*
>
> Jede Form einer textlichen Anlehnung, sinngemäßen Wiedergabe oder auch nur stützenden Argumentationshilfe unter **Verwendung fremder** Gedanken und **Ausführungen** erfüllt (in unterschiedlichem Maße) den Tatbestand eines **indirekten Zitates.** Die vollständig eigene Formulierung berechtigt dabei ebenso wenig wie eine – wie immer geartete – Verkürzung im eigenen Text zum vollständigen Verschweigen des „geistigen Vaters" (oder der „geistigen Mutter"!). Indirekte Zitate werden ebenfalls durch eine **Fußnotenangabe** im Text gekennzeichnet, die Fußnote selbst **muß** mit einem „Vgl." (= vergleiche) oder „S." (= siehe) beginnen; so allein kann auch in der Fußnote bereits die Unterscheidung zwischen direktem und indirektem Zitat nachvollzogen werden.[41]

Quelle: Manuel Theisen (1984): Wissenschaftliches Arbeiten, S. 130

Interessant ist, dass das „Vgl." auch hier noch im Fußnotentext verortet wird, die Norm für den Fließtext könnte noch jüngeren Datums sein. Sie hat sich vielleicht erst Ende der 1980er-Jahre durchgesetzt. Wie immer: Ich bin dankbar für weitere Funde!

4. Soll das „Vgl." abgeschafft werden?

In meinem „Blog für wissenschaftliche Redlichkeit" schrieb ein Kommentator, dass die Verpflichtung zum „Vgl." das Einfallstor „für die dann in den späten 1980er- und in den 1990er-Jahren beginnende Unsauberkeit beim Zitieren" geboten habe. Das ist ein interessanter Gedankengang: Denn erst mit der Migration des „Vgl." vom Fußnotentext in den laufenden Fließtext könnte es dazu gekommen sein, dass die Umschreibe-Unkultur ihren Lauf genommen hat: Das „Vgl." stand vielleicht ab den 1980er-Jahren zunehmend nicht mehr für Wiedergaben in komplett eigenen Worten, sondern – entgegen der früheren Definition eines sinngemäßen Zitats – für leichte Umschreibungen von Originalstellen.

Was kann „Vgl." alles bedeuten?

- Ursprünglich kennzeichnete man damit im Fließtext nur Verweise innerhalb des eigenen Werks, also etwa *„Vgl. die Abb. S. 23"* oder *„Vgl. Kapitel I"*.
- Dann trat das „Vgl." in Fußnotentexten auf, und zwar immer dann, wenn nicht wörtlich, sondern sinngemäß zitiert wurde. „Vgl." war verknüpft in die (deutsche) Fußnotenzitierweise.
- Erst sehr spät migrierte das „Vgl." in die Fließtexte, ich vermute, seit ca. 1970.
- Bereits in den Fußnoten, aber erst recht im Fließtext kann „Vgl." sowohl *„Siehe **auch bei** …"*, somit *„Vgl. **ähnlich** …"*, als auch *„Vergleiche dazu die **andere** Ansicht von …"*, somit *„Vgl. **hingegen**"* bedeuten. Auch kann „Vgl." weiterführende Literatur anzeigen.

Und nun kommt die Pointe: Ich stelle seit Jahrzehnten fest, dass oft nicht ausreichend über die Bedeutung des „Vgl." nachgedacht wird, denn es gibt noch eine weitere Dimension.

Denken wir etwa an folgenden Satz:

Der Radikale Konstruktivismus ist eher ein interdisziplinärer Diskurs als eine kohärente erkenntnistheoretische Bewegung (vgl. Schmidt 1989).

Das kann zwei Grundbedeutungen haben:

1. Schmidt äußert in seinem Werk denselben Gedanken, weist auch darauf hin – und dann hoffentlich in anderen Worten als hier im Beispiel!

2. Der Autor des fett gedruckten Satzes hier im Beispiel will zeigen, dass Schmidts Werk ein Beispiel von dem ist, was der Satz behauptet: also ein Beispiel für ein Werk, das eher einem interdisziplinären Diskurs als einer kohärenten erkenntnistheoretischen Bewegung zuzuordnen ist.

Zweites Beispiel:

Die Cultural Studies sind eine eher linke Denkbewegung (vgl. Williams 1981).

Steht dieser Gedanke auch bei Williams 1981 oder ist Williams 1981 ein gutes Beispiel dafür?

„Vgl." kann somit fast immer zumindest zweierlei bedeuten:

- Ebendiesen Gedanken, diese Idee findest du auch beim Autor N.N. an der und der Stelle *(„vgl. ähnlich bei …")*.
- Oder aber: Autor N.N.s Werk fällt unter meine Behauptung von soeben *(„vgl. dafür prototypisch …")*.

Was tun in dieser Situation? Sollen die Geistes- und Sozialwissenschaften zurückrudern und das „Vgl." abschaffen? Es sei daran erinnert, dass das „Vgl." in der naturwissenschaftlichen numerischen Zitierweise so gut wie nirgends vorkommt, weil diese kein sinngemäßes Zitat kennt, sondern nur Quellenangaben. Auch die Psychologie lehnt das „Vgl." ab.

Andere wiederum, wie Manuel Theisen, sagen: Das „Vgl." ist wichtig, weil es das wörtliche vom sinngemäßen Zitat *auch in der Quellenangabe* unterscheidet.

Wenn man schon das „Vgl." nicht eliminieren will, wäre ein zumindest radikal sparsamer Umgang zu empfehlen.

Anmerkung: Diese Kurzgeschichte wissenschaftlicher Belegkultur erschien zuerst als Vierteiler im Blog des Verfassers https://plagiatsgutachten.com/blog. Der Verfasser dankt Klaus Graf und Manuel Theisen für wertvolle Inputs. Der Beitrag gibt einen ersten Einblick in das nächste Buch des Verfassers in der Edition Tandem:

„Die Zitiersünder und die Plagiatsjäger: Eine Kulturgeschichte wissenschaftlicher Redlichkeit"

5.2 40-Punkte-Checkliste für Lehrende

Prozessualer Schritt im wissenschaftlichen Arbeitsprozess verknüpft mit der chronologischen Abfolge in einer schriftlichen Arbeit	Worauf zu achten ist

1. **Wer? Autorschaft und Mitarbeit**	• Einhaltung der Standards „guter Autorschaftspraxis“ wie:
	  • Keine Ehrenautorschaft
	  • Auch keine unterschlagene Ko-Autorschaft
	• Klare Kennzeichnung verantworteter Teile bei Gemeinschaftsarbeiten

2. **Was? Themenfindung**	Abgrenzung unzulässiges Ideenplagiat vs. sinnvolle Replikation
3. **Dokumentinformationen/ Metadaten**	Gibt es Hinweise auf einen fremden Verfasser?
4. **Titel der Arbeit**	• Ideen- oder Wortlautsplagiat erkennen, urheberrechtlichen Titelschutz beachten • Auf zeitliche, räumliche, sachliche und soziale Eingrenzung (hinreichende Bestimmtheit) achten
5. **Deckblatt**	• Genaue Umsetzung der Formalangaben prüfen • Hier befinden sich besonders häufig Typos

6. **Selbstständigkeitserklärung**	• Aktuelle Fassung verwendet? • Wortlaut soll Umgang mit wörtlichen *und* sinngemäßen Zitaten enthalten
7. **Abstract/Summary**	• In welcher/n Sprache/n Pflicht? • Keine Plagiate, obwohl hier nicht zitiert werden soll Kein bloßes Copy/Paste von Absätzen aus dem Folgenden
8. **Inhaltsverzeichnis**	Strukturplagiat erkennen
9. **Abbildungsverzeichnis (und Abbildungen)**	• Wurden die kommunizierten Regeln für das Belegen und das etwaige Ändern von Abbildungen eingehalten? • Sind alle Abbildungen, auch die eigenen, belegt? • Gibt es Konflikte mit ©-Angaben? • Müssen freie Lizenzen, etwa Creative-Commons-Lizenzen, angegeben werden?
10. **Abkürzungsverzeichnis**	Wurden die facheinschlägigen Normen wie etwa der „AZR“ (Abkürzungs- und Zitierregeln) der österreichischen Rechtswissenschaften eingehalten?
11. **Hinweis auf vorausgegangene Publikationen**	Korrektheit, Plagiatsprüfung auch dieser Publikationen?, Autorschaften?, ev. Textvergleiche mit dem Prüfwerk mit *WCopyfind*

12. **Im gesamten Fließtext inkl. Literaturverzeichnis und allfälligen Anhängen**	• Plagiatsvermeidung • Zitier-Grundregeln eingehalten? • Die drei grundlegende Zitierstile und ihre „Dialekte“: Einheitlichkeit und Vollständigkeit in der Anwendung • Wurden automatische Literaturverwaltungsprogramme verwendet? Hinweise auf ungekennzeichneten Einsatz von KI (Textübersetzung, -paraphrasierung und/oder -generierung)?
13. **Vorwort und Dankeswort**	• Sind im Dankeswort alle Beitragenden erwähnt? • Erweckt das Dankeswort nicht umgekehrt den Eindruck, es gebe kaum eine Eigenleistung des Verfassers?
14. **Einleitung und Motivation**	• Keine Textplagiate • Ist der persönliche Bezug glaubhaft expliziert?
15. **Theoretische Auseinandersetzung/Literaturarbeit**	• Prinzip des Originals • „Read before you cite“-Regel eingehalten? • Zitierfähigkeit vs. -würdigkeit • Quellenkritik konsequent durchgehalten?
16. **Definitionen und Theorieteil**	Auch Allgemeinwissen eines Fachs muss bei wörtlichen Übernahmen zitiert werden.

17. **Forschungsfragen**	Wurden die Anforderungen an eine korrekt formulierte Forschungsfrage erfüllt? (Ev. *eine* Untersuchungsfrage, *eine* forschungsleitende Frage und/oder mehrere Unterfragen)?
18. **Hypothesen**	• Anforderungen an eine korrekt formulierte Hypothese erfüllt? • Art der Hypothese? • Operationalisierbarkeit der Hypothese? • Kein Verdacht auf HARKing?
19. **Operationalisierung/ Forschungsdesign**	• Misst der Verfasser, was er messen will (Validität)? • Setzt er die richtigen Methoden ein? • Ist das Verfahren replizierbar?
20. **Empirieteil: Auswertung**	• Die drei Gütekriterien Reliabilität, Validität und Intersubjektivität • Kein Verdacht auf p-Hacking? • Keine Datenmanipulation oder Datenerfindung? • Kein Ghostcoding? • Keine Sabotage?
21. **Empirieteil: Darstellung**	Vollständigkeit der Daten und der Legenden (Diagrammbeschriftungen: N, n usw.)
22. **Empirieteil: Interpretation**	Keine QRPs (Questionable Research Practices) wie etwa „Die Nullhypothese wurde bewiesen, da p > 0,05 ist."
23. **Diskussion der Ergebnisse**	Grundregeln für korrekte Wiedergabe und Kontextualisierung mit anderen Studienergebnissen

24. **Literaturverzeichnis (References)**	• Einheitlichkeit der Zitation • Vollständigkeit: Keine fehlenden Quellen, aber auch keine zusätzlichen Quellen zur Aufblähung • Auf etwaige Art der Quellentrennung achten (Wissenschaftliche Literatur, Judikatur, Medienquellen …)
25. **Dokumentation und Anhang**	Dokumentationspflichten beachten, Laborbuch (analog oder digital)
26. **Lebenslauf**	Keine Falschangaben, nicht frisiert
27. **Erklärung zu möglichem Interessenkonflikt oder möglicher Befangenheit**	Checken, ob eine der beiden oder beide notwendig sind; Überprüfung der Plausibilität des Inhalts
28. **Datenschutzpflichten**	Etwaige Pflichten zur Datenschutz- vs. Einwilligungserklärung beachten, insbesondere bei Interviews in der Sozialwissenschaft
29. **Aufbewahrungspflichten**	Gemäß den aktuellen GWP-Richtlinien: fünf Jahre, zehn Jahre?
30. **Hinweis auf Fördergeber**	Wenn im Projektkontext, diesen angeben
31. **Ethikkommission**	Wurde diese mit dem Projekt befasst? Dann entsprechende Angabe
32. **Korrektorat/Lektorat**	Wurde dieses extern durchgeführt? Wenn ja, siehe Dankeswort

33. **Spezialfall 1: Produktentwurf & Design**	Grenze zu „künstlerischem Fehlverhalten“ beachten
34. **Spezialfall 2: Architektur**	Urheberrecht, im Speziellen den Werksbegriff beachten; Abgrenzung technische Funktionalität vs. künstlerische Komponente
35. **Spezialfall 3: Software-Entwicklung**	Grenze legitimer Code-Reuse vs. illegitimes Code-Plagiat beachten
36. **Spezialfall 4: Machine-Learning-/ Deep-Learning-Anwendungen**	Offenlegung/Transparenz der Trainingsdaten und der Methode
37. **Spezialfall 5: Eigene Forschungssoftware**	Allfällige GWP-Regeln dafür beachten
38. **Spezialfall 6: Kumulative Arbeiten**	Etwaige eigene Mitteilungsblätter, Richtlinien etc. beachten
39. **Rezension/Beurteilung**	Grundregeln guter Bewertungspraxis einhalten, Transparenz und Begründung; finale Plagiatsprüfung, ev. auch Eigenprüfung durch den Verfasser
40. **Publikation**	• Einhaltung der Standards „guter Publikationspraxis“ wie: • Keine *predatory publishers* • *double blind peer reviewing* • *Online first* und/oder Bedingungen für gedruckte(s) Exemplar(e) beachten

5.3 Nützliche Weblinks

1. Eigene Webseiten

URL	Zweck
https://plagiatsgutachten.com	Eigene kommerzielle Website zur Plagiats-, Autorschafts-, Titel- und Gutachtenprüfung
https://gwp.or.at	Wissenschaftliches Netzwerk „Gute Wissenschaftliche Praxis für Österreich“ (kurz: „GWP für AT“), veranstaltet regelmäßig kostenlose Webinare
https://hochschulkorruption.com	Dokumentation von Fällen von Hochschulkorruption in Österreich, Deutschland und der Schweiz (im Aufbau)
https://zitieren.at	Wiki-Projekt über Zitierstandards in einzelnen Wissenschaftsdisziplinen mit Stichwortverzeichnis von A wie „Anführungszeichen“ bis Z wie „Zitierstile“

2. Empfohlene fremde Webseiten

URL	Zweck
SOFTWARELÖSUNGEN	
https://www.turnitin.com/products	Überblick über die wichtigsten (kostenpflichtigen) Produktlinien der Plagiatssoftware *Turnitin*
https://plagiarism.bloomfieldmedia.com/software/wcopyfind	Download-Möglichkeit von *WCopyfind* (kostenlos, nur für Windows)
https://vroniplag.fandom.com/de/wiki/VroniPlag_Wiki:Tools	Überblick über diverse Textvergleichs-Werkzeuge inkl. dem eigenen VroniPlag Wiki-Online-Werkzeug

<table>
<tr><td>https://guides.temple.edu/stylometryfordh/programs</td><td>Überblick über einige Stilometrie-Softwareprogramme</td></tr>
<tr><td>https://www.turnitin.com/solutions/topics/ai-writing</td><td>„AI writing detection“ von Turnitin (kostenpflichtig, in Entwicklung)</td></tr>
<tr><td colspan="2" align="center">PLAGIATSDOKUMENTATIONEN</td></tr>
<tr><td>https://historioplag.fandom.com/de/wiki/HistorioPlag_Wiki</td><td>Wiki-Projekt über historische Plagiatsfälle</td></tr>
<tr><td>https://vroniplag.fandom.com/de/wiki/Home</td><td>Wiki-Projekt über zeitgenössische Plagiatsfälle mit akribischer Dokumentation (derzeit 219 Fälle)</td></tr>
<tr><td colspan="2" align="center">RICHTLINIEN</td></tr>
<tr><td>https://book.coe.int/en/legal-instruments/11349-pdf-countering-education-fraud-recommendation-cmrec202218-and-explanatory-report.html</td><td>Lesenswerte Empfehlungen des Europarats zur digitalen Bekämpfung von Wissenschaftsbetrug</td></tr>
<tr><td>https://allea.org/wp-content/uploads/2023/06/European-Code-of-Conduct-Revised-Edition-2023.pdf</td><td>Der State-of-the-Art-Integritätskodex für Wissenschaft in ganz Europa</td></tr>
<tr><td>https://www.dfg.de/resource/blob/289674/ff57cf46c5ca109cb18533b21fba49bd/230921-stellungnahme-praesidium-ki-ai-data.pdf</td><td>Stellungnahme des Präsidiums der Deutschen Forschungsgemeinschaft (DFG) zum Einfluss generativer Modelle für die Text- und Bilderstellung auf die Wissenschaften und das Förderhandeln der DFG (September 2023)</td></tr>
</table>

Alle Webseiten zuletzt besucht am 08.08.2024.

5.4 Tabellen- und Abbildungsverzeichnis

Tabellenverzeichnis

Abbildungsverzeichnis

5.5 Literaturverzeichnis
(Zitierte und weiterführende Literatur)

ANDERSEN, Daniel u. a. (1992):
Scientific Dishonesty & Good Scientific Practice. Kopenhagen: Danish Medical Research Council.

BROAD, William/WADE, Nicholas (1982):
Betrayers of the Truth: Fraud and Deceit in the Halls of Science. New York: Simon & Schuster.

BUCHER, Ulrich/HOLZWEISSIG, Kai/SCHWARZER, Markus (2023):
Künstliche Intelligenz und wissenschaftliches Arbeiten. ChatGPT & Co: Der Turbo für ein erfolgreiches Studium. München: Vahlen.

DROMMEL, Raimund H. (2016):
Sprachprofiling – Grundlagen und Fallanalysen zur Forensischen Linguistik. Berlin: Frank & Timme.

ESER, Albin (1999):
Die Sicherung von „Good Scientific Practice“ und die Sanktionierung von Fehlverhalten. Mit Erläuterungen zur Freiburger „Selbstkontrolle in der Wissenschaft“ In: Lippert, Hans-Dieter/Eisenmenger, Wolfgang (Hg.): Forschung am Menschen. Der Schutz des Menschen – Die Freiheit des Forschers. Berlin/Heidelberg: Springer, S. 123–157 (mit Anlage).

FINETTI, Marco/HIMMELRATH, Armin (1999):
Der Sündenfall. Betrug und Fälschung in der deutschen Wissenschaft. Stuttgart u. a.: Raabe.

FOBBE, Eilika (2011):
Forensische Linguistik. Eine Einführung. Stuttgart: Narr.

FONCK, Leopold (1916[2]):
Wissenschaftliches Arbeiten. Beiträge zur Methodik und Praxis des akademischen Studiums. Innsbruck: Felizian Rauch.

FREYER, Hieronymus (1728):
Anweisung zur Teutschen Orthographie. Halle: Waisenhaus.

FRISCH, Katrin/HAGENSTRÖM, Felix/REEG, Nele (2022):
Wissenschaftliche Fairness. Wissenschaft zwischen Integrität und Fehlverhalten. Bielefeld: Transcript.

HETZENAUER, Michael (1902):
Abschreiben oder Benutzen? Ein Wort über die Verwendung fremder Arbeiten in Reden, Predigten und Schriften. Innsbruck: Felizian Rauch.

KOCH, Erduin Julius (1792):
Hodegetik für das Universitäts-Studium an allen Facultäten. Berlin: Frankesche Buchhandlung.

KRAMP, Wolfgang (1978[8]):
Hinweise zur Anfertigung von Seminararbeiten. Düsseldorf: Bierbaum.

POENICKE, Klaus (1985):
Die schriftliche Arbeit. Mannheim u. a.: Duden.

STANDOP, Ewald (1959[2]):
Die Form des wissenschaftlichen Manuskripts. Bochum-Langendreer: Verlag Heinrich Pöppinghaus.

THEISEN, Manuel R. (1984):
Wissenschaftliches Arbeiten. Technik – Methodik – Form. München: Vahlen.

THEISEN, Manuel R. (2021[18]):
Wissenschaftliches Arbeiten. Erfolgreich bei Bachelor- und Masterarbeit. München: Vahlen.

WEBER, Stefan (2008):
Die Medialisierungsfalle. Kritik des digitalen Zeitgeists. Klosterneuburg/Wien: Edition Va Bene.

WEBER, Stefan (2009[2]):
Das Google-Copy-Paste-Syndrom. Wie Netzplagiate Ausbildung und Wissen gefährden. Hannover: Heise.

WEBER, Stefan (2019):
Roboterjournalismus, Chatbots & Co. Wie Algorithmen Inhalte produzieren und unser Denken beeinflussen. Hannover: Heise.

WEBER, Stefan (2024):
Plagiate und andere Unredlichkeiten: Überfällige Schritte in der Sicherung akademischer Integrität, in: N@HZ (Neue Hochschulzeitung) 2/2024, S. 54–57.

WEBER-WULFF, Debora (2014):
False Feathers. A Perspective on Academic Plagiarism. Berlin/Heidelberg: Springer.

ZENTHÖFER, Jochen (2022):
Plagiate in der Wissenschaft. Wie „VroniPlag Wiki“ Betrug in Doktorarbeiten aufdeckt. Bielefeld: Transcript.

Zitierte graue Literatur und zitierte Online-Only-Dokumente werden hier nicht angeführt.

Privatdozent Dr. *Stefan Weber,* geboren 1970, ist Kommunikationswissenschaftler aus Österreich. In den Medien ist er als „Plagiatsjäger" bekannt geworden. Zuletzt hat er die österreichische Arbeitsministerin *Christine Aschbacher,* die deutsche Kanzlerkandidatin *Annalena Baerbock*, die Psychologin und Bestsellerautorin *Stefanie Stahl*, die Publizistin *Diana Kinnert* und die Journalistin *Alexandra Föderl-Schmid* beim Abschreiben erwischt. Die Bücher von Baerbock und Kinnert wurden daraufhin vom Markt genommen, keine Konsequenzen gab es hingegen etwa im Fall Föderl-Schmid. Weber ist auch Buchautor und Lehrbeauftragter. Seit 2010 betreibt er seinen „Blog für wissenschaftliche Redlichkeit"(https://plagiatsgutachten.com/blog).

Dank

Ich danke jener wissenschaftlichen Community in Österreich und Deutschland, die sich für Plagiats- und Zitatsforschung empirisch, das heißt vor allem auch ohne ideologische Scheuklappen und ohne soziale Vorbehalte interessiert: Allen voran Prof. Dr. Peter Hilpold von der Universität Innsbruck, mit dem ich allen Widerständen zum Trotz ein ehrenamtliches Netzwerk zur guten wissenschaftlichen Praxis in Österreich („GWP für AT") aufbauen konnte, dann dem österreichischen „Plagiatsjäger" der Theologie, Pater Prof. DDr. Alkuin Schachenmayr, sowie Prof. DDr. Michael Pammer, Universität Linz, für seine historischen Beiträge zur Thematik. Ich danke weiteren Förderern meiner Arbeit, die nicht namentlich genannt werden wollen. Dieses Buch wäre nicht möglich geworden ohne den umtriebigen Salzburger Verleger Mag. Volker Toth, der sich in einer von falschen öffentlichen Darstellungen geprägten schwierigen Zeit des Themas annahm und der Plagiats- und Zitatsforschung in Österreich ein neues verlegerisches Zuhause bot. Mein Dank gilt auch Andrea Thiel für ihr äußerst sorgsames Lektorat. Schließlich danke ich meinem langjährigen Grafiker Hannes Fuß – Visuelle Medien (https://www.hannesfuss.de/de) für die Erstellung des Coverbildes und den Layout-Entwurf, sowie meinem Team, bestehend aus Detektiven, Informatikern und Kulturwissenschaftlern.

Möge dieses Buch dazu beitragen, die Betreuung und Beurteilung von schriftlichen Arbeiten und damit die Wissenschaft insgesamt zu verbessern.

Salzburg, im August 2024

Stefan Weber
Wissenschaftlichen Textbetrug erkennen
Plagiate | Ghostwriting | KI

Lektorat: Andrea Thiel
Gestaltung: Volker Toth
Coverbild: Hannes Fuß
Autorenporträt: Joachim Bergauer
Druck: Jelgavas Tipogrãfija, Jelgava
ISBN 978-3-903516-13-7

www.edition-tandem.at
Gefördert von:
Bundesministerium Kunst, Kultur,
öffentlicher Dienst und Sport